イラスト図解

死ぬほど怖い！

他人の心理大事典

齊藤 勇 監修

宝島社

はじめに

人の心は不思議なもので、同じ体験を共有しても、人によって感じ方がそれぞれ異なることがあります。特定のシチュエーションで人がどのように感じるのか、それは本人にすらわからないこともしばしばです。

心理学では、そんな人の心の仕組み（「意識」と「無意識」で人は何を感じ、考えているのか）を解明するための学問として、長い時間をかけて実験のデータが蓄積され、多くの理論が生み出されました。これらのデータや実験結果を利用することで、日常の何気ないしぐさや口癖から、その人の性格を読み取ることもできるのです。

本書では、しぐさや口癖、表情をはじめ、ビジネスや恋愛のシチュエーション別の行動から、他人の「怖い」心理を読み取るテクニックをご紹介します。

中には、「とてもいい人」に見えるのに、しぐさから読み取れる人物像は「嫌な奴」だったり、人間の「怖さ」を感じることもあるでしょう。しかし、より良い人間関係を築くには、他人の二面性を知り、また自分自身の行動から思考の癖や欠点を知ることが有効なのではないでしょうか。そうして知った自分や相手の本当の心、「怖い」部分にも働きかけることができれば、人生が今より〝ラク〟になることは間違いありません。

他人の「怖い」心理を読み取るテクニックや理論が詰まった本書が、読者の皆さんの助けになれば幸いです。

齊藤 勇

イラスト図解

死ぬほど怖い！ 他人の心理大事典

もくじ

第1章 外見

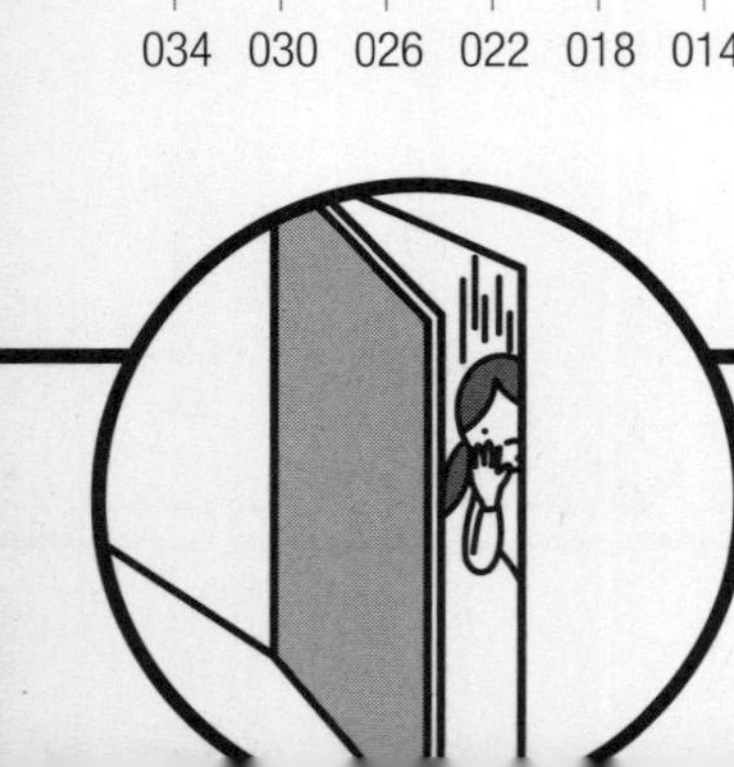

第2章 行動・態度

Yes
Yes
Yes
Yes
Yes
Yes
Yes
Yes
Yes

第3章 しぐさ・リアクション

第4章 表情・顔

第5章 口癖

でも・・・
でも・・・

第7章 ビジネス

第8章　恋愛

コラム　本当にあった怖い心理学実験

第1章

外見

性格やステータスが靴に出る

富裕層を顧客にしている営業マンは、顧客の靴を見てステータスを判断しているとか。履いている靴へのこだわりや愛着、かかとのすり減り方からも他人の性格が読み取れる。

キーワード

・おしゃれは足元から
・かかとのすり減り具合

◇靴を見れば人の心を読み解くことが可能

「おしゃれはまず足元から」という言葉があるように、靴選びや靴の履き方はファッションの基本となる。

靴を見ればその人のセンスが読み取れるだけでなく、性格や心理までをも読み解くことができるのである。

実際にアメリカ・カンザス大学の研究者たちが学生を対象に、〝靴を見ただけで持ち主の人物像を当てることができるか〟というテストをおこなったところ、実に90％以上の確率で的中させることに成功したというのだ。

たとえば、髪型や服装にどれだけ気を使っていても、靴が安物だったり、泥だらけで汚れていたら、清潔な印象がくつがえるだけでなく、「この人はいい加減な性格なのかもしれない」とさえ感じてしまうだろう。そして、その感覚は決して間違っていないのである。

逆に、どんなラフな格好をしていても常に靴をピカピカに磨いている人は、仕事をそつなくこなし、行き届いた気配りができる人が多い。あなたのまわりにもそんな人物がいないだろうか。

このように、靴は履いている人の心を読み解くカギとなる、非常に便利なアイコンなのである。

靴の手入れ具合をCHECK!

安物で汚れている靴

ずぼらな性格。
仕事も適当かも？

手入れの行き届いた靴

細部に気配りができる、
仕事にもそつがないタイプ

靴のすり減り具合をCHECK!

かかとの外側

気さくで社交的な
性格の持ち主

かかとの内側

奥手だが秘密主義の
傾向のある性格

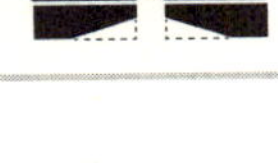

左右で減り方がバラバラ

性格に二面性がある

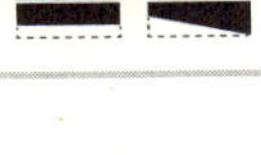

◇かかとのすり減り具合は人の性格を表す

もっと具体的に相手のことを理解したいのであれば、靴の裏側にも注目してもらいたい。なぜなら、かかとのすり減り具合を見れば、その人の性格がはっきりわかると言われているからである。

どうして靴のかかとでそんなことがわかるかというと、普段の姿勢や歩き方によって人それぞれかかとのすり減り方が変わってくるためだ。かかとのすり減り方は、すなわちその人の性格を表しているのである。

たとえば、靴のかかとの外側ばかりが減る人は気さくで社交的な性格の持ち主が多い。隠しごとがあまり得意ではなく、なにごとにも本音で語ってしまうのだ。

その反対に、かかとの内側ばかりが減る人は思慮深い性格を持つ秘密主義者の傾向が強い。一見すると人当たりはソフトでフレンドリーなのだが、けっして心の扉は開かず、腹を割って話をしないタイプなのである。

また、靴の左右で減り方が違うという特殊な人は、二面性を持っていることが多い。そのときに見せる表情と本音が真逆だったりするので、取り扱いには十分に注意しなければならない。無関心を装っていても実は興味津々だったりする天邪鬼《あまのじゃく》的な一面も持っている。

あなたの身近な人の靴が置いてあったら、こっそりかかとのすり減り方を見てみるのも面白いだろう。

靴の手入れやかかとのすり減り具合で性格がわかる

美人・イケメンの心理

無条件で高い評価を得ることができるという研究結果もあり、容姿で何かと得をしている美人・イケメンは、一方で嫉妬の対象にもなりやすい。彼らの性格は見た目どおりに美しいのだろうか？

キーワード
・価値観
・自信
・自己ＰＲ

◇美人は依存心が強く不寛容な傾向にある

美人な女性は小さい頃からちやほやともてはやされているので、特別扱いにはすっかり慣れて飽きていると思いきや、それとはまったく逆の傾向にあることがわかっている。

イギリスの心理学者の研究チームが、美人が抱いている価値観を調査したところ、美人であればあるほど「服従性」や「承認欲求」、「自己ＰＲ」を重んじる傾向にあることが判明した。

この「服従性」と「承認欲求」、「自己

PR」の傾向が強い人物という特徴をまとめると、〝とにかく人に認められたい一心で、他人から抱かれる理想像を追い求め、自分がそういう人であると強くアピールする女性〟ということになる。

　もっとわかりやすくいえば、美人は常に人から賞賛されることを望んでいるといった感じだろう。賞賛され、愛されることに飢えているためか、美人であればあるほど常に不安感を持っているという研究結果もあり、この不安感は年齢を重ねるごとにより強まっていくことがわかっている。

　美人は常に不安を持っているにもかかわらず、一般的な人と比べると「寛容さ」を軽んじる傾向にもあるので、他人にはめっぽう厳しく当たってしまう。そ

イケメンと美人の性格

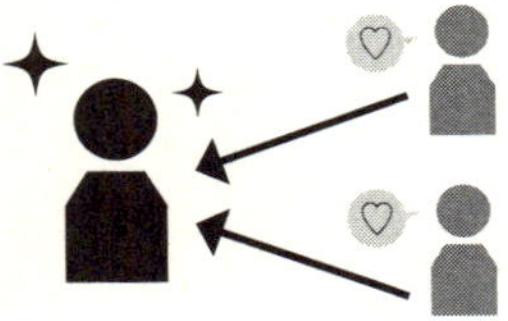

美人

「美人は性格がいい」というイメージがあるが、本人は自己の価値観で「服従性」や「自己PR」に重きを置いており、他人からの評価を気にする面が指摘された

イケメン

小さい頃から女性に囲まれてちやほやされて成長したため、女性への恐怖心を持たず、交際にも抵抗がない

のことで批判されたり、嫉みを言われると、また不安感にさいなまれるという負のループを抱えているのだ。

◇イケメンが抱える性格と心理状態とは

美女が人に賞賛され続けることを望み不安感を抱えているのに比べ、イケメンは特に異性に対して強い自信を持つ傾向にある。そのため、一般の「モテない」人のように女性に恐怖感を持つことはなく、すんなりと交際できるのである。

また、イケメンは異性に対して強い自信を持っているので、女性のために必死に頑張るといったハングリーさはまったくない。男性が努力する理由のひとつに「女性にモテたいから」というものがあるが、努力しなくてもモテるイケメンにこの気持ちが理解できる人は少ないので、成功者にイケメンが少ないと言われるのもこのためである。

さらに、イケメンの中には自意識過剰になって自己中心的な性格になってしまう人も多い。そのため、自分が中心でなければ気が済まず、わざと他人に無理難題をふっかけて困らせる行動に出ることもあるのだ。たとえば、自分でできることでもわざわざ他人を使いっ走りにしたりするのである。

美女やイケメンに憧れる人も多いとは思うが、実は内面にけっこう問題を抱えているケースが多いので、彼ら・彼女らと付き合う際には十分な注意が必要だ。

美人だからといって
内面も美しいとは限らない

愛用のかばんに性格が出る

いつ見てもかばんの中が整理されていない人、古びてきても同じかばんを使い続ける人。アタッシュケース派やリュック派など、かばんの選び方や使い方にも人それぞれの個性が表れる。

キーワード

・かばん5つのタイプ
・リュック派

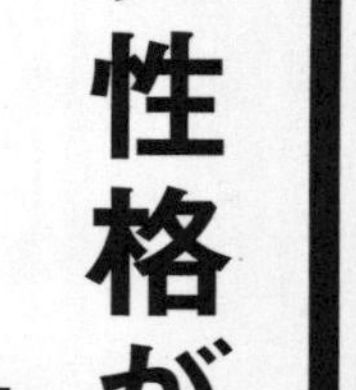

◇愛用のかばんに見る性格診断5タイプ

愛用するかばんというのは不思議なものので、それなりの地位にいる男性なのに紙袋を使っていたり、女性にもかかわらず男性用ばかりを持ちたがる人がいたりする。こうしたかばんからも人の性格を覗き見ることは可能で、特に顕著なものを5つのタイプに分けたので、一緒に確認していこう。

①ボロボロのかばんを愛用

革が破れてまだらになったり角がほつれても意に介さず使い続ける人は、非常にこだわりが強いタイプだ。かなり頑固で融通がきかないので、人の意見を聞き入れないことが多い。

②アタッシュケースを愛用

頑丈で無骨なイメージのアタッシュケースを愛用する人は、かばんのイメージなど付加価値よりも利益を追求する実利主義といえる。ただし、それほど中身がないのに大型のアタッシュケースを愛用している人は、デキる男を装った中身のない人間の可能性もあるので注意だ。

③紙袋を愛用

周囲の目を気にせずに飾り気がない紙袋を愛用する人は、自分を大きく見せようとはしない自然体の性格を持っている。ただ、協調性に欠ける面もあるので、うまく打ち解けられないケースも少なく

1 外見

愛用のかばんをCHECK!

使い込んだかばん

こだわりが強く、ものを大切にする頑固な性格

ポケットが多い

夢見がちタイプと利益主義者の2とおりの場合がある

アタッシュケース

かばんそのものより中身を大事にする実利主義者

カギ付き

自分の領域を大切にするタイプ。秘密主義者

紙袋

周囲の目を気にしないマイペースタイプ

リュック

マイペースで、他者への思いやりに欠ける一面も

ない。

④ポケットの多いかばんを愛用

心理学ではポケットを夢のシンボルと考えるので、多くのポケットがついたかばんを持つ人は、好奇心がおう盛でたくさんの夢を持つタイプであると考えられる。が、そのポケットを上手に利用できていない人は、夢だけを語り行動に移さないダメ人間の可能性も。

⑤カギのあるかばんを愛用

カギのかかるかばんを持つ人は、自分の領域に他人が入り込んでくるのを異常に嫌うタイプで、他人とは距離を取りたがる。自身のプライベートを大切にしていて、恋人には割り切った関係を、仕事仲間にはビジネスライクな関係を望んでいることが多い。

◇いつでもリュックを愛用する人の心理

会社でも学校でもプライベートでも、いつでもどこでもリュックサックを背負っている人を見たことがあると思うが、こういったタイプは非常にマイペースかつ自己中心的であり、他人への配慮をしない傾向にある。

リュックは非常に持ち運びに便利な反面、電車の中ではジャマな存在となる。それでもリュックを背負い続けるこのタイプの人間は、周囲への配慮が苦手で鈍感な人も多いのだ。

たとえ他人から注意されたとしても右から左へ聞き流し、反省の色を見せることが少ない。

自分の世界を作り他人への配慮が足りないリュック派の人

伊達メガネは小心者の証？

メガネはもはや視力矯正の道具だけじゃない、ファッションアイテムのひとつ。コーディネートの幅を広げてくれるサングラスや伊達メガネだが、どんな場面でも外さないのはおしゃれ感が台無し。

キーワード

・サングラス
・伊達メガネ
・常にマスク着用

◇まぶしくもないのに サングラスをかける心理

朝でも夜でも屋外でも室内でも、おかまいなしにサングラスをかけている人がいる。こうした人のことをかっては〝やくざ者〟と言ったように、他人に引け目を感じている場合にサングラスは用いられることが多い。

なぜ、他人に引け目を感じているとサングラスをかけるのかといえば、「目は口ほどにものを言う」という言葉があるように、人は目から多くの情報を読み取っている。そのため、自分に知られたくないことがある人、もしくは自分に自信がない人はまぶしくもないのにサングラスをかけるのである。

ただし、サングラスをかけて目から読み取れる情報を遮断するという行為は、いわば相手を不安にする行為でもあるので、自分の弱点を隠す代わりに相手からの信頼を得るのも難しいのだ。

◇いつも伊達メガネをかけている人の心理

目が悪いわけでもないのに、いわゆる伊達メガネをかけている人は、コンプレックスを抱えているか自己顕示欲が強いかのどちらかである。もちろん、花粉症とドライアイの人は除く。

顔に装着しているアイテムをCHECK!

サングラス

室内でもサングラスを外さない人は、アイコンタクトが苦手なシャイな人。相手よりも優位に立ちたいと考えている場合も

伊達メガネ

視力に問題がないのにいつもメガネをかけている人は、何らかのコンプレックスを抱いている。メガネをかけることで自己顕示欲を満たしている

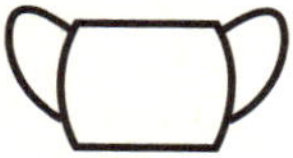

マスク

自分の気持ちを相手に知られたくない気持ちから口元を隠している。自分の容姿にコンプレックスを持っていることもある

まず、コンプレックスを抱えているケースから解説すると、メガネには知的なイメージがある。一所懸命に勉強をして視力を落としてしまった人がかけるもの＝努力の証、という心理的イメージがあるのだ。

つまり、目が悪くもないのにメガネをかけるというのは、自分の頭が良くないというコンプレックスを、メガネの持つ知的なイメージによって打ち消そうとしているのである。

次に、自己顕示欲が強いケースは俳優やタレント、アニメのキャラクターに影響を受けていることが多い。自分の理想の人物になりきって、イメージを自分に投影することで、自分はその人物のようであると他人にアピールしているのだ。

◇いつもマスクをしている人の心理とは

最近では風邪でもないのに常にマスクをしている若者を多く見かける。彼ら・彼女らは夏であっても大きなマスクをして顔の半分以上を隠しているのだが、このマスクを着用する行為にも心理的な作用が隠されている。

このタイプの人間は、自分の本音を隠しながらも他人とは触れ合っていたいと考えていることが多い。人を細菌から守るマスクは、外敵から身を守ってくれるもののアイコンとして捉えられる。そのため、他人から傷つけられるのは怖いけど、ひとりでいるのが嫌という人が日常的にマスクをするのである。

マスクを着けるのは
風邪のときとは限らない

鏡ばかり見るのは自己愛《ナルシスト》？

ナルシストの語源はギリシャ神話の美少年、ナルキッソス。水面に映った自分に恋をした彼のように、鏡ばかり見ているナルシスト。しかし、鏡から目が離せない理由は自己愛ばかりではない。

キーワード

・ナルシスト
・女性の魅力
・自信過剰

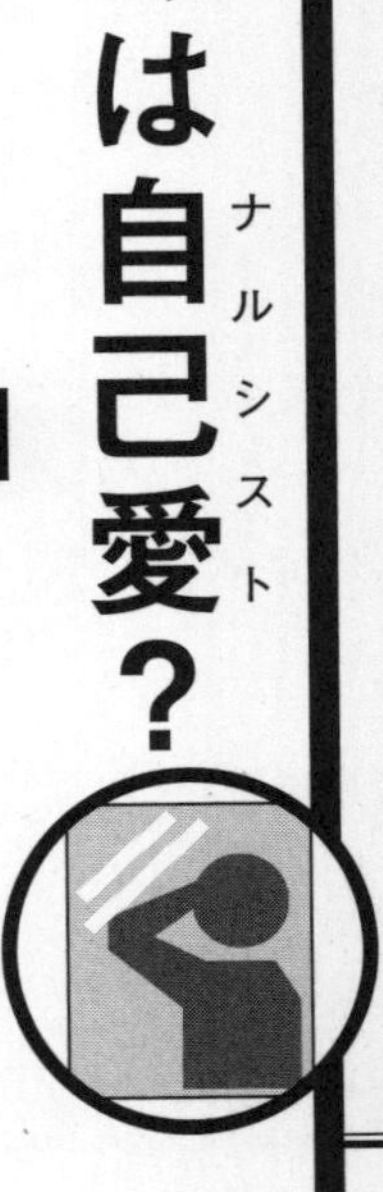

◇鏡を見るほど女性は魅力的になっていく

鏡ばかり見ている人のことを、単なるナルシストと敬遠しがちだが、実は鏡を見れば見るほど女性はきれいになるという心理効果がある。

鏡を見る行為には、「自分をよく見せたい」という意思と「他人からどう見られているのか」を心配する気持ちのふたつがあり、これらを心理学的には公的自己意識と呼ぶ。この意識が高ければ高いほど人は鏡を見るようになるのである。

ある心理学調査によれば、この公的自

己意識が高いほど人としての魅力を持っているという研究結果がある。つまり、鏡を多く見る女性はどんどん魅力的になっていくというわけだ。

なぜ、このようなことが起こるかというと、鏡を頻繁に見ることで他人からより良く見られる方法を自然に学んでいるからだという。何度も鏡を見て、何度も化粧を修正していけば、それだけ美しく見えるようになるのである。

ただ、あまりにも公的自己意識が強くなりすぎると、何度も美容整形をくり返すなど、極端な行動に走るようになってしまうので、やりすぎないようある程度のところでストップをかけられるように注意が必要ではある……。

公的自己意識＝セルフ・モニタリング

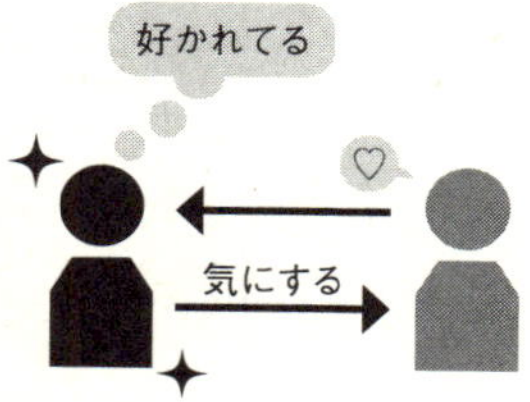

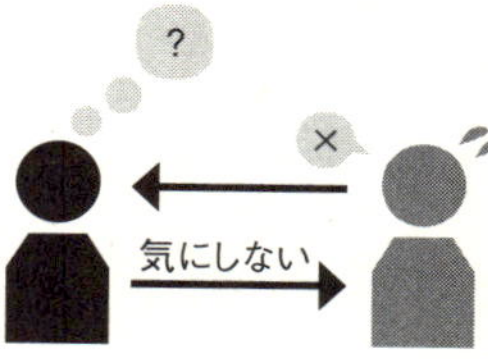

自己意識が強い
＝行動を周囲に合わせる

周囲から自分がどのように評価されているのかを気にするため、自分の意思よりも他人の自を優先して意思決定する

自己意識が弱い
＝周囲の評価を気にしない

自分自身が周囲からどのように評価されているのか、他人の目に興味を持たないので、自分の感情を優先して行動する

◇自分が大好きな人はなぜ自信過剰なのか

自分を向上させるために何度も鏡を見るタイプとは別に、大好きな自分の姿を確認するために何度も鏡を見る人間もいる。これがいわゆる自己愛が過剰なナルシストだ。

しかし、ナルシストな人に限って、容姿端麗というほどではなかったりすることが多く、周囲の人からは奇異の目で見られる。なぜ、ナルシストはそこまで自分に自信を持って自分を愛せるのだろうかと、疑問に思う人もいるだろう。

実はナルシスト的な人間ほど、むしろ自分に自信が持てず、ちょっとしたことでもすぐに傷ついてしまうことが多いのである。そのため、自分の評価を人から聞いたり、人と自分とを比べたりするのを嫌って、自分ばかりを見ているのだ。

ナルシストは何かのナンバー1になることは求めておらず、自分の好きな自分だけを愛しているのである。そんなナルシストとの恋愛は非常に難しいのは明白だろう。

彼らは、自分が認めた自分しか好きになれないので、自分の好きな部分を否定されることを極端に怖がり、また自分の認めていない良いところを褒められてもなかなか納得しない。

そのくせ、相手には自分に合わせるようにあれこれと注文をつけてくるので、非常に面倒な存在だ。結局、ナルシストは自分しか愛せないのである。

公的自己意識が高い＝自信がない!?

**「素敵な自分像」が
壊れないよう神経質に**

洗面所の鏡や街角のショーウインドウなど、どこでも髪形や立ち姿をチェックしてしまう人は一見してナルシストに見えてしまうもの。しかし、過度に気にしすぎる場合は自信のなさの表れかも

公的自己意識が高い人は異性を顔で選ぶ

**心理学者スナイダーは、「性格の悪い美人」と
「性格のいいブス」を男性に選んでもらう実験を行った**

高モニター　周囲の状況を見て、自分がどう思われているのかを気にするタイプ

低モニター　自分が周囲からどのように思われているのか、あまり気にしないタイプ

高モニターの男性は70%が**「性格の悪い美人」**を選んだ

低モニターの男性は80%が**「性格のいいブス」**を選んだ

高モニターの男性は周囲からの評価を気にするため、見た目で優れている美人を選ぶ傾向が高かった一方で、低モニターの男性は自分がどう思うかを重視して性格のいい女性を選んだ

女性は化粧で前向きになる

現代女性にとって、化粧は身だしなみのひとつ。忙しい朝には煩わしい習慣だが、化粧をすることで女性は自分に自信を持ち、積極的になれるという研究結果がある。

キーワード
・銀座実験
・パーソナルスペース
・メイクセラピー

◇化粧をすると性格も変わってしまう？

メイクは女の武器といわれるように、化粧をすることで女性は美しくなり、男性のみならず同性からの評価も上げることができる。しかし、それは見た目の問題だけではなく、化粧によって女性は明るく積極的になることが実験により実証されているのだ。

1985年に心理学者の岩男寿美子氏と松井豊氏が行った通称・銀座実験では、女子学生31名を化粧品のキャンペーンのアルバイトという名目で集め、路上で一般の人に声を掛けて、アンケートを取ってもらった。

　その際、1回目は普段の化粧のままアンケートをおこなってもらい、2回目はプロのメイクアップアーティストに化粧を施してもらってから再度アンケートをおこなってもらったのだ。

　すると、明らかに1回目よりも2回目のほうが女子学生たちは積極的に行動するようになっていたのである。また、1回目のアンケートでは外向的な学生に比べて内向的な学生はパーソナルスペース（他人に近づかれると不快に感じる空間）が広かったが、2回目になると両者のパーソナルスペースはほとんど変わらなくなっていたのだ。

　この実験によって、女性は自分に合っ

化粧をすると女性は積極的になる

心理学者の岩男氏と松井氏は、化粧品のキャンペーンアルバイトの女性をふたつのグループに分けて調査を行った

いつもどおりのメイクの女性

いつもに比べて、キャンペーンガールに変化はなかった

プロのメイクを施した場合

いつものメイク時と比べて、明らかに積極性が増した

た化粧を施されると積極的に行動できるようになり、また内向的な女性もより人に近づいてコミュニケーションが取れるようになることがわかった。

◇メイクセラピーなる化粧療法も登場した

銀座実験により化粧は女性の性格を変える効果があることがわかり、それ以降化粧を取り入れた心理カウンセリングの研究がなされ、メイクセラピーという化粧療法も誕生した。

メイクセラピーは、自分の顔と心に合った化粧をすることで、心の中のマイナスな思い込みを取り除いて、自身の新しい魅力の発見を目標にしている。

メイクセラピストによれば、「化粧が上手な女性ほど対人関係を円滑にする技術を持っていて、積極性や適応性、外向性があることがわかっている」そうで、「内向的で対人関係が苦手な女性もメイクの技術を学ぶことで積極的になれる」のだという。確かに、内向的な女性を見るとスッピンに近いような人が多く、お世辞にも化粧が上手といえるような人は少ない。しっかりと化粧の技術を磨いたり、プロのメイクアップアーティストに化粧してもらえば、見た目だけでなく内面も変えることができるというわけだ。

これからは、より女性の社会進出が求められる時代になっていくが、今後メイクセラピーが広まっていけば、積極的な女性が増えるのかもしれない。

内気な女性も
化粧で性格が変わる！

高身長の男性ほど高評価？

かつて「三高」という言葉で、高身長の男性は高収入・高学歴とともに女性の理想としてもてはやされた。男性の身長は、女性からの評価だけでなくビジネスや性格にも影響を与えている。

キーワード

・外見の違いと格差
・身長とプライドの関係
・見た目による判断

◇高身長は偉く見られ給料も上がりやすい

人は外見よりも中身のほうが大事と言われることが多いが、外見の違いによってどれだけの格差があるのか。ノートルダム大学のティモシー・ジャッジらは身長が高い人と低い人では収入に違いがあるかを調べてみたところ、身長が2・5センチ高くなるごとに平均して年収が6万3千円も高くなっていることが明らかになった。

なぜこのようなことが起きるのか、オックスフォード大学の臨床心理学者であるダニエル・フリーマンは「背が高いと、社会的地位も高いのではという印象を与える」と語っている。この身長差による収入格差は仕事能力の差によるものではなく、身長が高い人のほうが偉いというイメージによってもたらされると考えられるのだ。

実際に、「これから社会的身分の高い人を紹介します」と実験参加者に伝えて、その人物を想像させる実験をおこなったところ、大多数の人が「それは身長の高い人」だと答え、身長が低い人よりも高い人のほうが信頼できると考えていることがわかったのである。

さらに、会社の新卒採用や中途採用における試験では、まったく同じ経歴で同じ資格、同じ経験を持った者が同時に面

身長とプライドの高さは比例する

ティモシー・ジャッジ博士は、背が高い人ほどプライドが高いという説を発表した

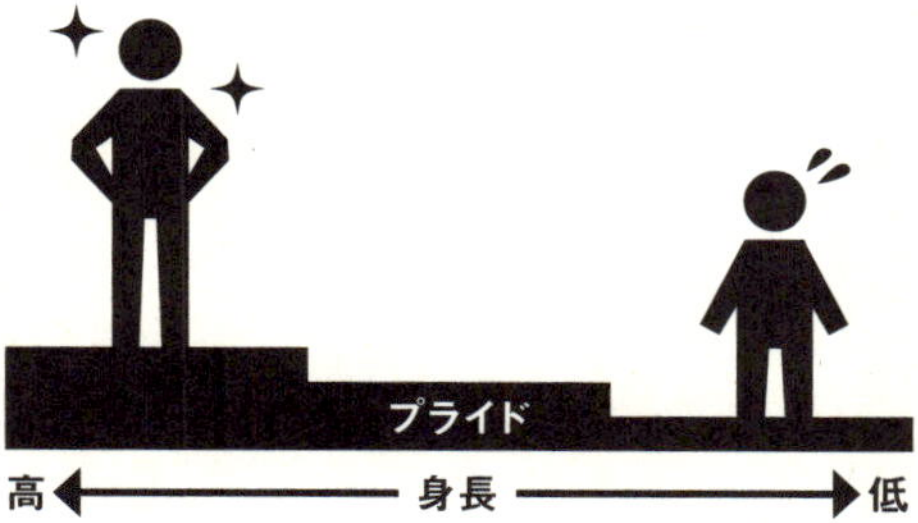

博士は、身長と社会的地位の関係についても研究しており、高身長の人のプライドが高くなるのは、現代の身体的な価値観（背が高い＝かっこいい）が社会に根強く存在しており、高身長の人に自信を与えているのではないかと仮説を立てている。反対に背の低い人は、背が低いことを欠点として考えて、自信を失ってしまうとされる

接を受けた場合、高い確率でより背の高い人が採用されることも判明している。

このように、背が高いということはそれだけで信頼感を与え、出世もしやすく、背の低い人よりも多くの収入が与えられているのである。人は中身と言いながら、結局は見た目とそのイメージにより判断されることが多いのだ。

◇身長が人より高いとプライドも高くなる

背が高い人のほうが信用や収入を得やすくなるのか、それは見えている視界の違いによるのかもしれない。前述のフリーマンが駅から駅のあいだを移動する電車の動画を実験参加者に見てもらい、2回目には1回目よりも25センチほど視界を低くして違いを確かめた。すると、2回目に見た動画は「周囲から敵意を感じた」や「孤立している気持ちになった」などの卑屈な意見が参加者から寄せられたのである。

つまり、人は視界が低くなると自信を失くす傾向にあり、背が高いほうが堂々としていられるのである。言い換えれば、背が高ければ高い人ほどプライドが高くなり、自信に溢れた行動や言動をしていることになるのだ。

背が低くネガティブな人よりも背が高く自信に満ちた人のほうが信頼されやすく、評価を受けやすいのも納得である。人から信頼されたければ、自分を大きく見せるのも大事ということだ。

背が高いことのメリット

ティモシー・ジャッジの研究

高身長の人は自分に自信を持っている

高身長の人は、低身長の人に比べてプライドが高く、自分に自信を持っている

メラメッドの研究

背が高い人は社会的地位も高い

高身長の人ほど、社会的に高い地位についている割合が高くなる

ウィルソンの研究

「社会的地位が高い」と聞くと、高身長の人をイメージする

面識のない人の話を聞くときに、「社会的地位が高い」人をイメージすると、「背の高い人」を思い浮かべることが多い

その他の心理学実験でも、身長の高い人は優遇されることが明らかになっている。新入社員や中途入社の面接をするときに、候補者の資格や経験に差がなかった場合、身長が高いほうの人が高確率で採用される

服はその人の理想を表す

服は人の印象を左右し、性格を推察するときの手掛かりにもなる。着ている人の性格を表していると思われがちな服だが、実は着ている人の「なりたい自分」を表しているのだ。

キーワード

・好みのファッション
・願望の反映

◇派手な服を好むのは実は内気である証拠

仕事をするときはスーツや作業着などのユニフォームを着る人が多いと思うが、普段着は人それぞれ自由に選ぶことができる。派手な服を好む人もいれば地味な服を好む人もいるが、この服選びによって着ている人の心理を見抜くことが可能なのだ。

一般的に派手な服を好む人は、明るく元気な目立ちたがり屋という印象を持たれがちだが、実はその真逆である可能性もある。派手さを求める人は心理学的に、

「もっと注目してほしい」「元気な人間だと思われたい」という願望がある人と考えられる。すなわち、派手な服を選ぶ人は、むしろ注目されず内気な性格の場合もある。

ファッションはその人を表すと言ったりするが、あくまで服は「なりたい自分」や「見せたい自分」を演出するものなのだ。だから、明るい人が明るい服を着ることもあるが、明るくなりたい人こそが明るい服を選ぶのである。

おばさん＝派手好きというイメージがあると思うが、これも老いていく自分への不安や寂しさがあるからこそ、派手な服を着て若い自分を演出しようとしているのだ。

やたらと派手な格好の人がいたら、そ

相手のファッションをCHECK！

派手なファッションを好む人

性格が派手だからファッションも派手……とは限らない。自分を明るく見せたい、元気だと思わせたいという「なりたい自分」をファッションで表現している

ファッションに一貫性がない人

毎日色々なジャンルのファッションに身を包んでいる人は、他人に関心を持ってほしいと思っていて、自分にマルチな才能があることをアピールしたいのだ

れはとてつもなく内向的な性格を持っている可能性が高いので、ある意味では操りやすい相手となるのかもしれない。

◇コロコロと服装を変える人の心理とは

ファッションは人それぞれにこだわりや特徴があるものだが、系統にまったくこだわらず服装をコロコロと変える人もいる。そういう人を見るとオシャレだと思うかもしれないが、本人はまったくオシャレを意識せずに服装を変えている可能性が高い。

先ほども説明したとおり、ファッションとは「なりたい自分」であり「見せたい自分」という願望を表している。普通であれば、そういった願望の傾向がコロコロと変わることはなく、〇〇系といった決まったタイプやひいきのブランドの服を着るのがほとんどである。

しかし、これをコロコロと変えるというのはマルチな面があることをアピールしたいと考えていることになる。このタイプの人間は本当の意味でのオシャレではなく、オシャレである自分を演出しているのだ。

良くいえば好奇心おう盛だが、はっきりいってしまえば八方美人タイプで、色々な人に認めてもらいたいからコロコロと自分を変える傾向にある。

そのため、言動に一貫性がなかったりもして、一緒にいると何が本気かわからないような面倒な相手なのだ。

内気な人ほど派手なファッションで武装する

自信のある人ほどシンプル

実は、目立つファッションをしている人ほど内気な性格。それはネックレスやピアスなどのアクセサリーでも同様。自分に自信を持っている人ほど服や装飾品は必要最低限のシンプルなものに。

キーワード

・アクセサリー
・心理学とファッション
・ストライプの効果

◇シンプルなアクセサリーは自信の表れ

心理学的にファッションは「なりたい自分」であり「見せたい自分」という願望を表していることを説明した。それはアクセサリーでも同じことで、アクセサリーをごちゃごちゃとたくさんつけて着飾っている人は自分に自信がないことを表している。

アクセサリーはポイントで使えるファッションアイテムなので、たとえば自分の顔に自信がない女性は目立つイヤリングをつけて顔の印象をぼかしたり、胸の小さな女性が大きなネックレスをつけてごまかしたりと、コンプレックスを隠すために使われることも多い。

ということは、シンプルなアクセサリーしか身につけない女性は、自分に自信を持っているのである。自分自身をあまり着飾らないのは、ありのままの自分で勝負ができると考えているからだ。

人は自分に自信がないほど派手なものを身につけたり、強がりを言ったり、虚言を吐いて心理的に武装しようとする性質がある。「弱い犬ほどよく吠える」という言葉があるがまさにそのとおり。

しかし、自分に自信がある女性は、派手なアクセサリーや服、化粧などは必要ないので、常にシンプルな格好をしていることが多い。ただし、この自信という

服装やアクセサリーをCHECK!

自分に自信がある人は
シンプルアクセサリーで勝負

ごちゃごちゃとしたアクセサリーを好む人ほど、実は自分に自信がない。シンプルな人ほど、自分に自信を持っている

ストライプスーツを
好む人は目立ちたがり屋

ストライプは視覚的にも目立ちやすいもの。無地ではなく、あえてストライプのスーツを選ぶ人は、自分に注目を集めたい目立ちたがり屋

のはあくまで個人が判断したものなので、シンプルなアクセサリーをしていて自信があるからイコール魅力的であるとは限らない。

◇ストライプスーツは目立ちたがりな性格

私服とは違い、会社で着るスーツにはそれほど差がないのだが、それでもあえてストライプのスーツを着る人は、非常に目立ちたがり屋で自己顕示欲が強い人物であると考えられる。

普通、日本人は集団の中で同じような服を着なければならない場合、なるべく周囲に合わせよう、和を乱さないようにしようと無意識に考える。これをわざわざ乱そうとするのは、自己顕示欲が強い証拠である。学生時代に学ランを改造して目立とうとした人がいただろう。あれは、目立ちたい欲求の表れなのだ。

しかし、ストライプのスーツも上手に着こなすことができれば、派手とは逆の誠実な印象を強く与えることもできる。目立つ服でもちゃんと着こなすことができれば、嫌みがなくなり、むしろ好印象に変わるのである。

ちなみに、政治家がストライプのスーツを好んで着るのは、先述の効果を狙ってアドバイザーから服装を指示されているからだ。

もし、あなたも着こなしに自信があるのならば、ストライプスーツという選択もありだろう。

ストライプスーツで皆の視線を釘づけ！

愛用品の色でわかる性格

かばんや定期入れ、さいふなどの毎日使う小物にこだわりのある人は多いはず。愛用の小物の色には、持ち主の性格が反映されていて、色彩心理学を用いて読み解くことができるのだ。

キーワード

・色彩心理学
・お気に入りのアイテム

◇6つの色からわかる性格タイプ別診断

その人がどんな服や持ち物を身につけているかだけでなく、その人がどんな色を好むかというのも、相手の心理を読み解くうえで重要なポイントである。色は身につけるものの形などに比べて違いがハッキリとしているので、そのぶん性格にも表れやすいのだ。

アメリカの色彩心理学者F・ビレンとスイスの色彩心理学者ルッシャーは、赤・青・茶・オレンジ・黒・紫の6種類の中から、どの色を好むかによって性格診断することに成功している。それぞれの色に対応した性格は以下のとおりだ。

①赤が好きなタイプ

いつも赤いバッグを愛用している人は、感情の起伏が激しい享楽主義者だ。さっきまで笑っていたと思ったら突然怒り出したりと感情を読むことができず、とにかく自分が楽しいと思うものを追いかけるので、付き合いが難しい相手だと言えるだろう。

②青が好きなタイプ

いつも青のネクタイをしめている人は精神的な面ばかりを重視する内向型だ。あまり自分のペースを乱されたくないので、わざと残業してひとりでコツコツ仕事をこなしていくのが好きなタイプである。集団生活の中で活躍することは難し

心と色の関係を解明する色彩心理学

色彩心理学

2003年にアメリカで誕生した理論。それぞれの色が、人の心に異なる影響を与えるとされる。身につけている色と人は、互いに深く関係しているとされる

色の持つイメージ

赤 強いエネルギーをもたらす色。情熱や活気、温かみがある

白 清潔な色。気持ちをリセット・リフレッシュする効果がある

青 冷静さのある色。気持ちを落ち着け、長時間の集中を助ける

黒 何にも染まらない強さを与える色。自己主張を助ける

いが、上手にコントロールできれば縁の下の力持ちになれる。

③茶色が好きなタイプ

茶色のさいふを大事に使っている人は、非常に几帳面な性格をしているが、残念なことに鈍くて仕事ができるタイプではない。クリエイティブなひらめきを必要とする仕事にはあまり向いていないが、事務職のような忍耐力が必要な仕事に適している。

④オレンジが好きなタイプ

オレンジ色のような派手なアイテムを好む人は、八方美人な性格である。このタイプは、誰とでも上手に付き合えるコミュニケーション能力があるが、芯のある意見を持っているわけではないので、都合よく人に追従するイエスマン的な立ち位置になりやすい。

⑤黒が好きなタイプ

全身黒一色など、黒を多用するコーディネートが好きな人は二面性を持っている。人前では決して本音は言わないが自分の趣味の世界を持っているのがこのタイプで、アニメ好きやアイドルファンに多いとされる。

⑥紫が好きなタイプ

ちょっと特殊な紫が好きな人は、精神的に不安定な面がある。過去の偉人にも作曲家のワーグナーやレオナルド・ダ・ヴィンチなど病的な人が紫を好んでいたといわれている。

もし、性格を知りたい相手が様々な色の持ち物を持っていたら、特に大事にしているアイテムの色を見るといい。

こだわり小物の色をCHECK!

お気に入りのアイテムは身につける頻度も高いもの。普段身に着けているアイテムの色は、人の心理状態を表しているとされる

赤

感情の起伏が激しい、情熱的な人。楽しみを受け入れる性格

青

外見よりも、自分の精神的な面を重視する内向的な性格の持ち主

茶

几帳面な性格で、細かいことにも気を配るが他人の感情には鈍感な一面も

オレンジ

誰からも好印象だが、八方美人なところがあり没個性になりがち

黒

人を驚かせるような二面性の持ち主。気まぐれな面もある

紫

一見ミステリアスな雰囲気だが、精神的には安定しておらず、もろい面がある

「色」or「デザイン」の選択

新しいアイテムを購入するときのポイントは色？　デザイン？何かと大きなサイズを選ぶ人や、ミニマムなアイテムを好むなど、重視しているポイントでその人のタイプがわかる。

キーワード
・デザイン
・色
・アイテムのサイズ

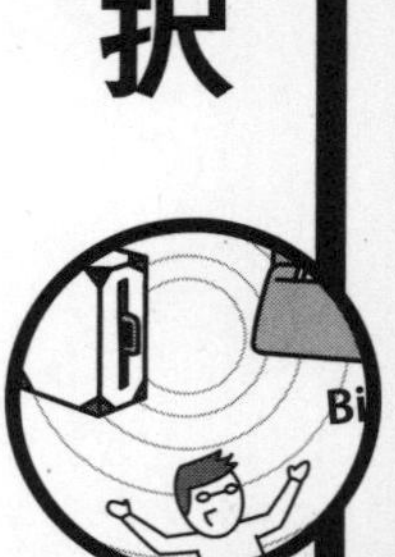

◇色派は感情的であり デザイン派は理性的

ファッションには色でアイテムを選ぶタイプとデザインで選ぶタイプの人間がいる。もちろん、そのどちらかだけではなく複合的に選ぶ人もいるが、最終的に購入を決めるポイントは色かデザインかのどちらかではないだろうか。

では、色で選ぶ人とデザインで選ぶ人では性格的にどのような違いがあるのだろうか。これを調べたのはアメリカの心理学者アルシューラーとパトウィックだ。彼らの著書『ペインティング&パーソナリティー』によれば、色に興味を示す人は感情的で、デザインに興味を示す人は理性的だという。

また、アメリカの別の心理学者ショルによれば、色にこだわる人は外向的で笑ったり落ち込んだりと感情の起伏が激しいが、デザインにこだわる人は内向的であまり人との会話を好まない人が多い傾向があるという。

まとめると、色派の人は外向的ではあるが感情に左右されやすく、デザイン派の人は理性的だがコミュニケーションを好まない傾向にあるようだ。あなたが関心を持った相手が、ファッションアイテムを購入した決め手を聞いてみるのも面白いだろう。

ちなみに、デザイン派の中にも直線的

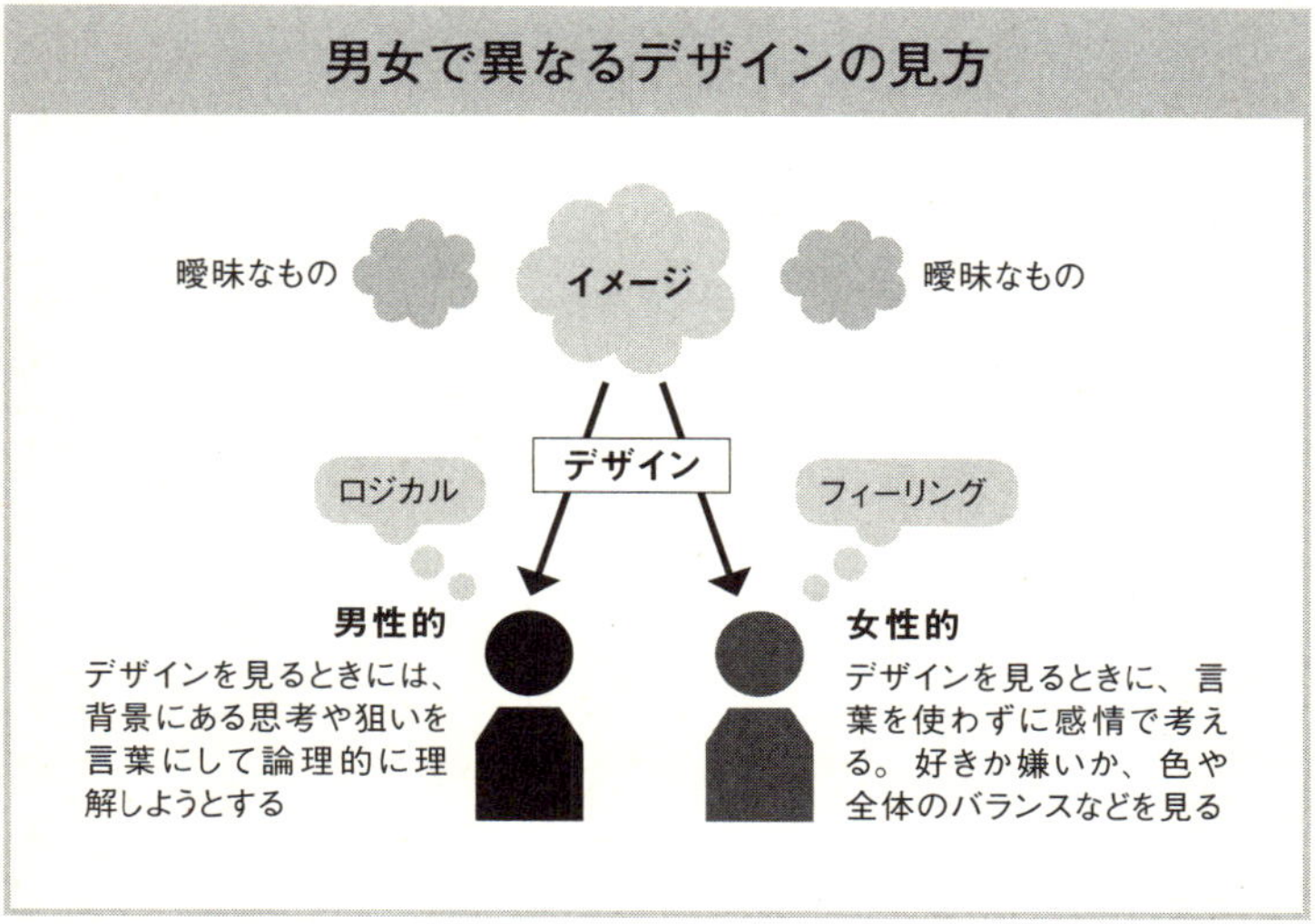

男女で異なるデザインの見方
曖昧なもの
イメージ
曖昧なもの
デザイン
ロジカル
フィーリング
男性的
デザインを見るときには、背景にある思考や狙いを言葉にして論理的に理解しようとする
女性的
デザインを見るときに、言葉を使わずに感情で考える。好きか嫌いか、色や全体のバランスなどを見る

なデザインが好きなタイプと曲線が好きなタイプに分かれ、四角いビジネスバッグやパンツを好んで買う人は男性的でサバサバしていて、丸みのあるポシェットやスカートを好んで買う人は女性的で控えめな性格の人物が多い。

◇大きいもの好きだと抱える不満も大きい

アイテムを購入する際にポイントとなるのは、色とデザインのほかにもうひとつ、サイズもある。ときどき小柄な人が体に見合わない大きいサイズのものを持っていたりするが、実はこれにも心理的な意味合いがある。

ニューメキシコ州立大学のケリー・ティアンは、あるIT企業の協力のもと社員の持ち物を調査したところ、大きいものを好んで持っている人は不満も多いことがわかった。しかも、大きいアイテムを好むのは小柄な体格の人だったという。

ケリーによれば、大きいかばんや大きな手帳、モニターの大きいノートパソコンなど、とにかく大きいものを選ぶ人は、自分のことを実際以上に大きく見せたい、丁重に扱われたいという願望があり、その裏返しとして今の自分に満足していないというのである。

逆に所有する持ち物が小さい、または所有物が極端に少ないタイプは、今の自分に満足していて、何かほしいものはないかと尋ねられても、「何もいりません」と答える人が多いのだとか。

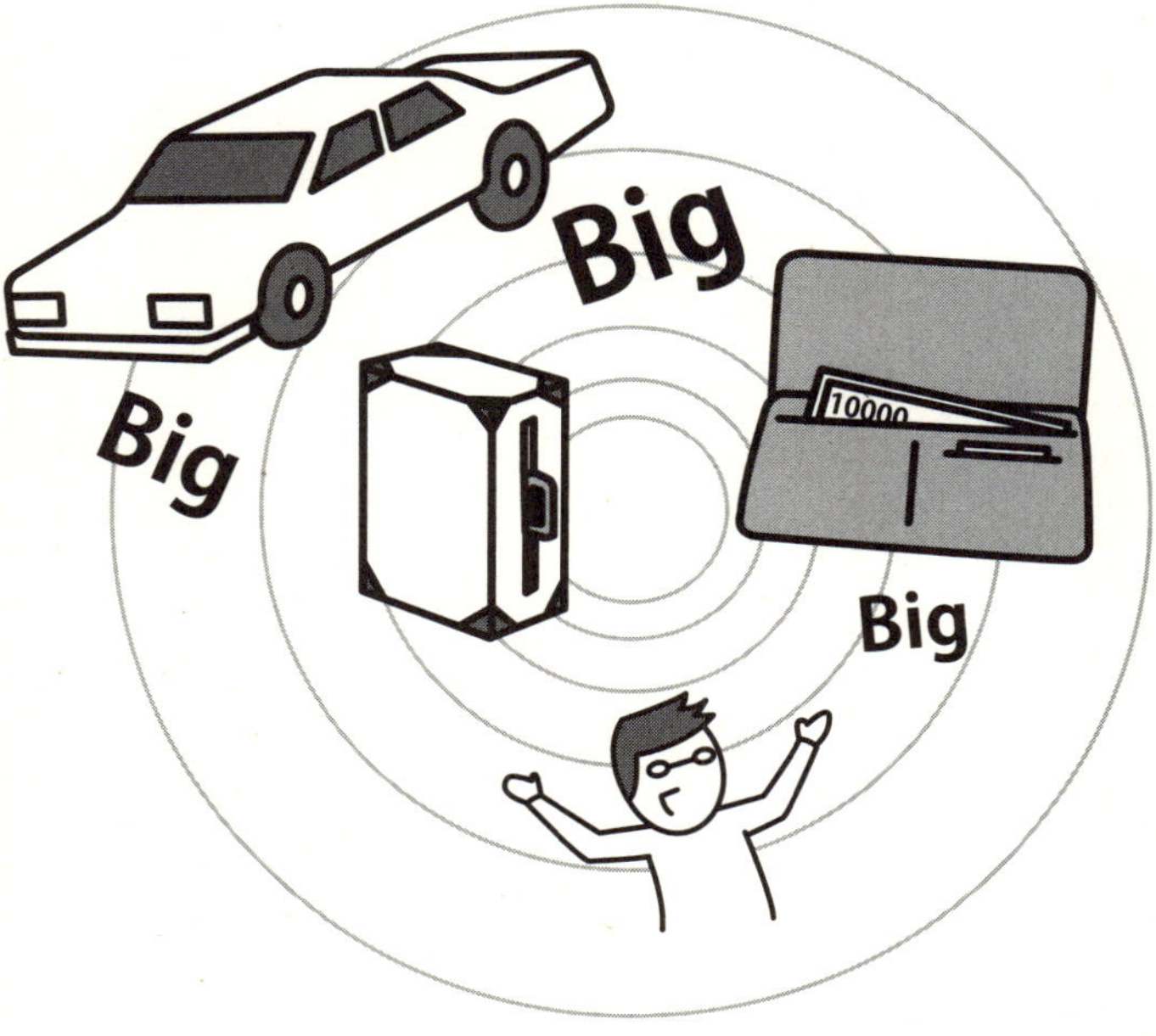

大きいアイテムを好む人は見栄っ張り

本当にあった怖い心理学実験 ①

ジンバルドーの実験

看守役は囚人役を虐待するようになる

アメリカの心理学者ジンバルドーは、1971 年にスタンフォード大学に大学生など一般の人たちを集めて「看守」と「囚人」の２グループに分けて監獄に収容し、それぞれの行動を調査した。

日が経つうちに看守役はより横暴に、囚人役はより卑屈に変化していき、本物の監獄と同じ行動パターンが観察された。当初２週間の予定だった実験は、医師が危険と判断し６日で終了する結果となった。

人の性格は生まれついてのものだけでなく、環境や役割によって恐ろしいほど変化することが証明された。映画化もされている、世界的に有名な怖い心理学実験だ。

第2章

行動・態度

ティッシュをもらわない人の心理

街角のティッシュ配り。タダなのに無視する人がいる一方で、用もないのに行列を見ると、ついつい並んでしまう人もいる。街角や電話対応でわかる、人の心理を読み解いてみよう。

キーワード

・ティッシュを受け取らない
・行列に並びたくなる心理
・騙しのテクニック

◇ティッシュ配りを無視してしまう心理

ティッシュはいくらあっても困るものではない。かばんに入れておけば必ず使う機会はやってくる。それにもかかわらず、ティッシュ配りを無視して受け取らない人も少なくない。

なぜ、ティッシュ配りを無視してしまうかというと、ひとつは知らない人からものをもらうことへの警戒心がある。もうひとつは、ティッシュをタダでもらう気恥ずかしさだ。「あいつ、タダでティッシュもらってるよ」と他人に思われるのが嫌なのである。

このように、タダでもティッシュをもらわない人は自意識が強いタイプで関東地方に多いといわれている。また、タダならティッシュだろうが何だろうがもらってしまう人は自意識よりも損得感情が強い人で関西地方に多い、いわゆる大阪のおばちゃんタイプだ。

◇人だかりや行列が気になるのはなぜ？

道先で人だかりや行列ができていると、「一体、何があるんだろう?」とついつい気になってしまわないだろうか。場合によっては、どんな料理かもわからないまま飲食店の行列に並んでしまう人

人はまわりの目を気にしてしまう

ティッシュ配りの人を無視してしまう心理

他人の目を気にして、「ティッシュも買えないのか」などと思われることを恐れて無視してしまう

行列があるとつい並びたくなる心理

特に興味がないものでも、皆が並んでいるような人気のものには参加しないと損だ、と考えてしまう

行列に並ぶのはこんな心理

ある商品が流行していると大勢に知られることで、さらに多くの人がその商品を求めるようになることをバンドワゴン効果という。皆が支持しているものを自分も手に入れることで安心感を得ることができる

もいるのである。

このように行列や人だかりに興味を惹かれる心理にはふたつの理由がある。まずひとつは、他人と同じ行動を取ることで落ち着く同調心理が働くためである。大勢の人たちが同じ行動をしているのに自分は知らないという孤立感を覚えると、気になってしまうのだ。

もうひとつの理由は、自分が得をしたいという心理が働くから。「大勢の人が集まっているのだから面白いことや得することがあるはず」と思い、列に加わってしまうのである。

こういった行列文化は日本独特のものといわれることが多いが、ニューヨークで行列実験をおこなったところ、86%の人が「行列が気になった」ことが明らかになっている。

◇電話よりも直接会うと騙されやすくなる

日本の詐欺の代表格と言えば「オレオレ詐欺」であり、電話口のほうが人は騙されやすいイメージがある。しかし実際には直接会って話したほうが相手を騙しやすいことがわかっている。

実は電話だと話に集中することができるので、複雑な会話でも理解しやすいのだ。逆に直接会って話をすると、相手のしぐさや表情、まわりの風景など会話以外にも気になってしまうことが増えるため、会話内容の理解度が下がり騙されやすくなるのである。

行列には思わず並びたくなる魔力がある

歩き方とリズムでわかる性格

飼い犬が主の足音を聞き分けられることからもわかるように、歩き方にはそれぞれのペースやリズム感がある。人と一緒のときやひとりのとき、歩き方から人となりを読み解くことができる。

キーワード

・せかせか歩く
・相手に合わせる
・テンポよく歩く

◇歩き方で性格診断 せかせか歩く人は？

街で人間観察をしていると、歩き方には人それぞれ特徴が出る。特徴があるということは、そこから心理を読み解くことができるわけである。

では、歩き方別の性格診断をおこなってみようではないか。

まず、せかせか歩く人は攻撃的である可能性が高い。このタイプは特に男性に多く、せっかちでほかの人よりも速く歩きたいと思う人も少なくない。

このタイプの人間は、自己中心的でわ

がままな性格を持っている。

とにかく自分の思いどおりにならなければ気が済まないので、他人を攻撃することで追い落とすことも厭わない。危険な面のある人物である。

◇相手の歩調に合わせる人は温和な性格

誰かと一緒に歩いているとき、必ず相手の歩調に合わせようと気を使うタイプの人は、温和で友好的な性格の持ち主である。この手のタイプは、待ち合わせに相手が遅れてきても怒ることはなく、「自分も今きたばかり」と思いやる気持ちを忘れない。

やさしいといえば聞こえはいいが、優

歩くペースをCHECK!

人の歩くペースはそれぞれ。その人の性格も表れている

相手を気にせず自分のペースで歩く

男性に多い歩き方。思いやりに欠けるタイプで、人が自分に合わせるのが当然と考えている自己中心的な面も

相手の歩くペースに合わせて歩く

自分のペースを調整して相手に合わせる人は、周囲への気配りができる人。ただし、優柔不断で決断できないことも

自分のペースでテンポよく歩いている

背筋が伸びていて、リズム感のある歩き方をするのはデキる人に多い。自分に自信を持っているが、思いやりに欠けることも

柔不断でまわりの評価を気にしてしまい、些細なことで落ち込む一面もある。

わがままに付き合ってくれるやさしい人という見方もできるが、とにかく主体性がないので物足りなく感じてしまうこともあるだろう。

ただ、結婚相手としては最高で、男性であれば家事を手伝ってくれたり、女性であれば趣味に付き合ってくれたりと夫婦円満の可能性も高い。

◇テンポよく歩く人は他人を見下す自信家

たとえば、カツカツとハイヒールを鳴らして歩くキャリアウーマンのようにテンポよくリズミカルに歩く人は、自分のことを有能だと自負する自信家である。

このタイプの人間は、自信をふりまき相手を威嚇するように大きな音を立てて歩くことが多い。

自分に自信があるからか他人と積極的にコミュニケーションを図ろうとするが、その反面で、思いやりに欠ける面も多く、他人を見下すような発言をすることも少なくない。本人に悪意があるわけではなく、自分が悪いことをしているという自覚がないから余計にたちが悪い。一緒にいれば人の良さは伝わってくるので、なんとももどかしい気持ちにさせられるのである。

このように歩き方の特徴によって様々なタイプを見分けることができる。良い面も悪い面もしっかりと見極めよう。

自分の歩くペースを譲らない人は×

歩く動作に自信が表れる

歩く速さやリズム感と同様に動作、特に手の動きには要注目。歩くときに手を組んだり、ポケットに手を入れたりと動作も様々だが、それぞれの性格の特徴がわかる。

キーワード

・手を後ろに組む
・手をポケットに入れる
・ながら歩き

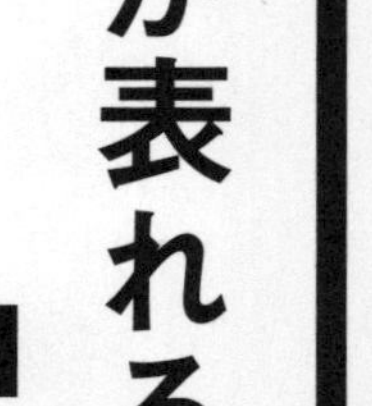

◇後ろ手を組んでゆっくりと歩く人は自信家!?

先ほどは歩き方で性格の特徴を分析したが、今度は歩くときの動作を見ていこう。まず、大病院の院長先生の回診のように後ろ手に組んでゆっくりと歩く人がいたら、それは自分に自信があることを表している。

後ろ手を組んで歩く人を想像してみると、年配の特に社長クラスの人に多いというのがわかるだろう。彼らに自信がないわけがない。

なぜ、後ろ手を組んで歩くのが自信を

表すかというと、後ろ手にすることは胸や腹など急所のノーガードを意味するのである。人は何かに襲われたときのために常に手は前方向に置いておくものだが、そうしないのは「自分ほどの人間なら手を後ろに組んでも大丈夫」という自信があればこそだ。

◇ポケットに手を入れて歩く人は秘密主義者

子どもの頃、ポケットに手を突っ込んで歩いていると、「ちゃんと手を出して歩きなさい」と注意されたものだが、大人になっても手をポケットに入れたまま歩く人の姿をよく目にする。

ポケットに手を入れるという行為は、

歩くときの動作をCHECK!

歩くときに、手をどうしているかは人それぞれのキャラクターが表れている

後ろに手を組んで歩く

後ろに手を組んでゆったりと歩く動作は、ドラマに登場する偉い医師や会社の重役のイメージのとおり、自分に自信があり、人に注目されたいタイプ

ポケットに手を入れて歩く

物事を素直に捉えない、斜に構えたタイプ。ポケットに手を隠すことで、自分の本音を他人に知らせないようにしている秘密主義者

スマホや音楽プレーヤーを持ちながら歩く

常に何かしていないと気持ちが落ち着かない、慌ただしい性格。色々なことに興味を示すが、飽きっぽくそそっかしい面がある

心理学的には秘密主義を意味する。秘密主義者のことを「手の内を見せない」や「手の内を明かさない」と表現することがあるが、まさにそのとおりで手を見せたがらないのである。

また、このタイプの人は物事を斜に構えて見るひねくれ者が多いともいわれている。自分のことは明かさないのに人のことばかり根掘り葉掘り聞きたがる秘密主義者は、確かにひねくれ者だといえるだろう。

◇ながら歩きする人は子どもっぽい性格!?

歩くときにスマホをいじっていたり、音楽を聞いていたりと必ず何かをしている、ながら歩きをする人は子どもっぽい性格をしている。これは、ひとつのことに集中していられない、まさに子どもの行動と酷似しているのだ。

最近では駅に「ながら歩きはやめよう」というポスターが掲げられているが、それでもながら歩きをやめようとしない、まさに子どもである。

このながら歩きをする人は、子どもっぽいだけでなく自己中心的な傾向もある。ながら歩きは誰かにぶつかる危険性があることをわかっていながらやめないのは、自分のことしか考えていないという証拠である。まだ小さい子どもなら注意すれば言うことを聞いてくれるが、大人になってもながら歩きをする人は他人の言葉を聞き入れないから厄介だ。

ポケットに手を入れている人は
何かやましいことがあるのかも

選ぶ電車の席でわかる心理

座り方にも人の性格が表れる。電車で隣の人にぶつかるのもお構いなしに足を広げて座る人、いつも出入り口の近くに座りたがる人、あえて真ん中の席を初めに選ぶ人。それぞれの心理とは？

キーワード

- 足を広げる
- 席の中央を選ぶ
- 出入り口側の席を選ぶ

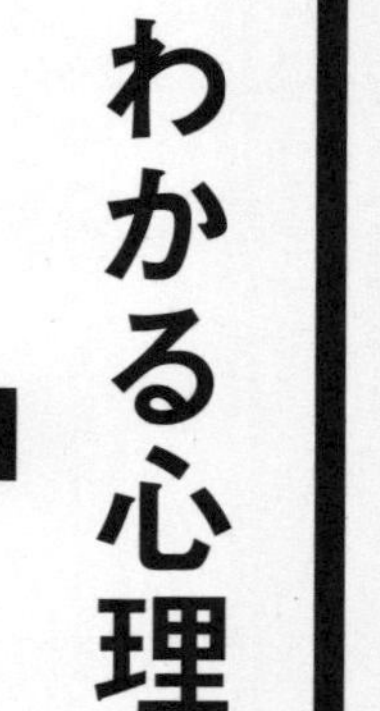

◇電車の中で足を広げて座る人は怖がり屋

電車に乗っていると、むしろ座りづらいのではないかと思うほど足を大きく広げて座っている人がいる。空いている時間帯ならまだ許せるのだが、ラッシュアワーでも構わずに足を広げているから困りものだ。

なぜ、わざわざこのような行為をするのかと思ってしまうが、実は足を広げる動作は、座っている本人は無意識でおこなっている可能性が高い。潜在意識として自分の縄張りを主張するため、知らず知らず足が開いてしまうのだ。

　こういったタイプの人は、相手を威嚇したいだけではなく、自分のことを弱い存在だと思っていて、不安だからこそ無意識に虚勢を張ってしまうのである。だからといって、もちろん許される行為ではないが……。

◇電車の座席の真ん中に座る人の心理は？

　もし、電車に乗ったとき、ほかに乗客がいなかったらどこに座るだろうか？

　多くの人はシートの端に座ると答える。なぜなら、端に座れば次の駅で人が乗ってきたとしても、ほかの乗客と隣り合わせになるのが片側だけで済むからである。

パーソナルスペース＝心理的縄張り

パーソナルスペースは、相手によって距離感が変わる
心理的な縄張りのようなもの

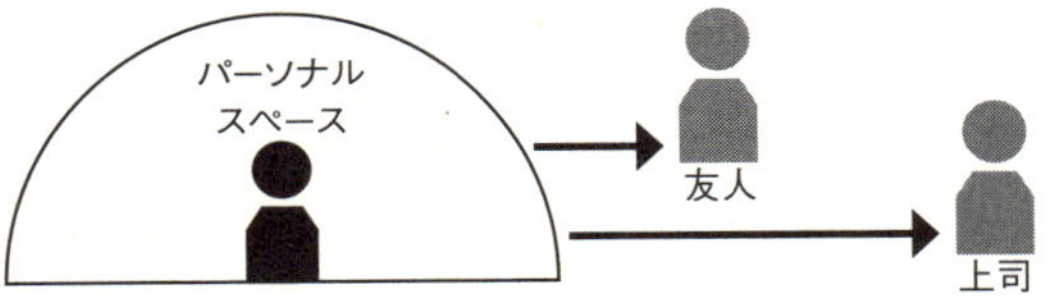

至近距離 …… 恋人同士や家族など、ごく親密な関係のみ
50センチ …… 友人の距離感。手を伸ばせば触れる程度
100センチ ‥ 上司や同僚など、関わりはあるが深い付き合いではない関係
2メートル …… 他人同士の距離感

どうして両側がほかの乗客と隣り合わせになることを嫌がるかというと、人にはパーソナルスペースがあり、あまりにも他人に近づかれると嫌悪感を感じるようになっているからである。にもかかわらず、先の質問にシートの真ん中に座ると答える人は、他人が身近にいても不安に感じないので、グイグイと距離を詰めてくる厚かましい性格の人が多い。また、こういう人の中にはサイコパスと呼ばれる問題のある人物が潜んでいる場合もあるので注意が必要だ。

◇いつも出入り口側に座る人が抱える不安

映画館や講演会の会場、または会議室でもそうだが、出入り口近くの席に座りたがる人がいる。

たとえ後方の見やすい席が空いていたとしても、中ほどにほかの人とコミュニケーションが取れそうな席が空いていたとしても、出入り口近くを好んで座りたがるのだ。

このタイプの人は決して火事や災害を恐れているわけではない。もし、自分がその場になじめなかったら、いつでも逃げ出せるように出入り口近くを陣取っているのである。とても心配性でネガティブな性格なのだ。

出入り口近くにいる人は常に不安を抱えているため、講演を聞いていても話があまり入ってこない。人生を楽しめないタイプともいえるだろう。

座る位置をCHECK!

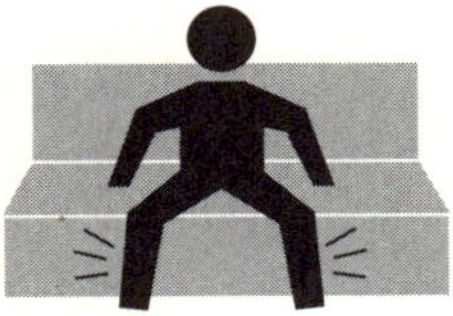

足を大きく広げて座る

足を広げることで自分のスペースを広く取り、縄張りを主張している。臆病な面もあり、虚勢を張ることで気持ちをごまかしている

空いているときに真ん中の席を選ぶ

普通は両端から座席が埋まっていくのに、自分と人との距離感を気にしないマイペースさゆえにあえて真ん中の席を選ぶ

いつも出入り口に近い席を選ぶ

集団になじんでいないという不安感が強く、いたたまれない思いからいつでも外に逃げ出せるよう出入り口側の席を選んでいる

相手との距離＝心の距離感

人にはそれぞれ、これ以上は踏み込まれたくない自分だけのスペースを持っている。社交的な人ほどこのスペースは狭いといわれている。距離感の近い人の特徴を見てみよう。

キーワード

・スキンシップ
・パーソナルスペース
・マシンガントーク

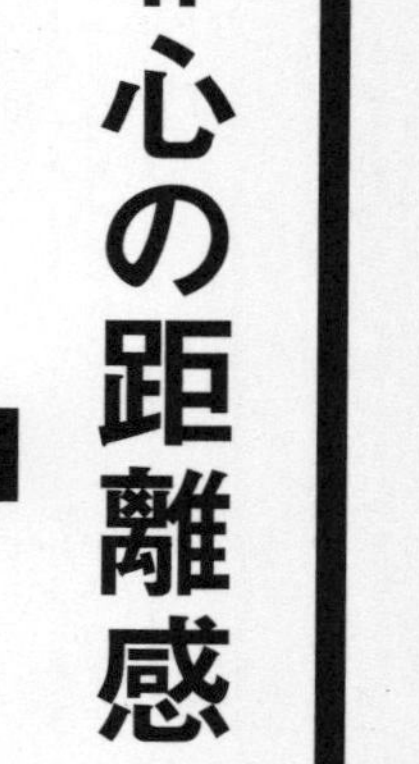

◇気安く触れてくる相手には冷静な対応を

我々日本人は、スキンシップベタであるといわれているし、本人たちにもその自覚があるだろう。しかし、中にはそれほど親密でないにもかかわらず、握手を求めてきたり肩を抱いたりと、やたら体に触ってくる人がいる。

このような、初対面でも気安くスキンシップを図ってくる人は、たいてい自信家であることが多い。「恥の文化」といわれ遠慮しがちな日本人の中にあって堂々と他人に触れてくるわけなので、むしろ相当の自信家といえる。

これがただの自信家というだけならいいのだが、問題は気のきかない人が多いことだ。相手がどう感じようと自分の行動を変えないので、しばしば空気の読めない行動を取る傾向にある。こういう相手に遠慮しているとペースを握られてしまうので、嫌なことは嫌と冷静に対応したほうが、お互いのためになる。

◇パーソナルスペースを無視する人の心理

これまでも何度か登場したパーソナルスペースという言葉がある。これは他人に近づかれると不快な領域のことで、たとえばエレベーターで見ず知らずの人と

他人との距離感が近い人

人との距離感が近すぎる人は、相手に不快感を与えてしまう

普通の距離感がそもそも近い

一般的に、人と人の距離感はお互いの関係によって変わる。しかし、人との距離感が近い人は誰に対しても親密な距離感で接するので、相手に息苦しさや不快感を与えてしまう

癒着 人との距離感は、幼いときの親との距離感によって決まる。子どもにべったりと過干渉な親に育てられた人は、息苦しいほど近い距離を「普通」と認識してしまうため、大人になってからも他人に近づきすぎてしまう

接近すると気まずく思ってしまうのはこのせいだ。

パーソナルスペースには具体的な関係と距離の定義があり、親友や家族など親密な関係であれば50センチ以内でもOK、友人など個人的な関係であれば、100センチまではOKだ。

しかし、このパーソナルスペースの領域を無視して近づいてくる人がいる。このとき、相手は親密な関係を装ってあなたに要求を飲ませたり、無理を押し通そうとしているのだ。

相手が懐に飛び込んできても、けっして騙されてはいけない。

距離を詰めてきた相手のペースに乗せられて誤った決断をすることがないように、注意が必要だ。

◇マシンガントークの押し売りには注意！

とにかく相手にしゃべる隙を与えず、マシンガンのごとく自分の意見ばかりしゃべり続ける人がいる。

こういったタイプは、頭の回転が速い＝仕事も速いデキる人というイメージがありがちだが、そうとは限らない。

マシンガントークする人の話の内容をよくよく聞いてみると、実はそれほど深いことは言っていないのだ。ハッキリ言ってしまえば質より量なので、突っ込んだ話になると突然黙り込んでしまうこともある。しかし、早口＝頭がいいという一般的なイメージから、コロッと騙されてしまう人も多い。

とにかくしゃべり続ける人の
デキる人イメージに
騙されてはいけない

感情が表れる相手の「呼び方」

親しみを込めて呼ぶ名前を「愛称」というように、人に呼びかける言葉や動作には相手をどう思っているのかが表れる。もちろん、それは「私」「僕」「〇〇ちゃん」などの一人称も同じ。

キーワード

- 二人称
- 相手を指さす
- 一人称が自分の名前

◇相手をおたくと呼ぶのは無関心だから

ときどき会話の中で二人称を「おたく」と言う人がいる。「おたくさぁ、何やってるの?」といった具合に。なかなか聞く機会も少ないとは思うが、「おたく」という二人称を使う人は、言った相手に対して関心がまったくないことを覚えておきたい。

もともと「おたく」という言葉は、家族や所属先などのグループを指す言葉である。それなのに、個人に対して「おたく」と呼ぶのは、〝その他大勢の中のひとり〟

という感覚を持っているからなのだ。つまりは、相手にとってどうでもいい存在ということである。

◇相手を指さす人はちょっと気弱な性格

会話の中で相手のことを示す際に、指をさしてくる人がいる。基本的にこの行為をするのは会社の上司など目上の立場にいる人が多く、目上の人に指をさすのは失礼なこととされている。

なぜ、面と向かって会話をしているにもかかわらず、わざわざ指をさしてくる人がいるのだろうか。心理学的に、人に向かって指さすという行為は、剣先を突きつけるという意味がある。要するに、

失礼なことをする人の心理

度々失礼な発言で他人の気持ちを傷つける人は2とおりに分けられる

悪気がない		わざと（悪意がある）
失礼なことを言っている自覚がないため、相手を怒らせてしまっても原因が自分の言動にあるとは思っていない。「なぜ怒ってるの?」と火に油を注ぐことも	⟷	相手が傷つくことをわかったうえで故意にやっている場合。過去にあなたから受けた失礼な言動に対して「仕返し」をしている、あなたに劣等感を持っているなどの理由が挙げられる

相手を指さすなど失礼な言動に悪意があるかどうかは、相手の顔を見て判断できる。バカにしたような顔やニヤニヤ顔なら、わざとやっていると考えられる。自分のことを名前で呼んだりするのは、悪意はないが空気は読んでいない

威嚇行為なのだ。

目上の立場にありながら上手に相手をコントロールできていないため、指さしして「言うことを聞け」と脅しをかけているのである。指さしする人は、基本的に気弱な性格の持ち主が多いので、わざとオーバーアクションをして相手に脅威を与えようとする。

◇自分を名前で呼ぶ女性は自分大好き人間

ときどき自分のことを下の名前で呼ぶ女性がいる。女芸人が彼女たちの真似をして笑いを取っていることからもわかるように、自分を下の名前で呼ぶ女性は実に面倒な人が多いのである。

彼女たちが一人称に名前を用いるのは、自分が大好きだからである。世間一般が使う「私」という言い方では、大勢の中のひとりに埋没する気がして、唯一無二の自分の名前を一人称にしてアピールしているのだ。

この手のタイプは自分が世界の中心でなければ気が済まない性格で、自分が会話の中に入っていけないとすぐに拗ねたり、場合によっては他人を攻撃することすらあるのだ。子どもでいうところの癇癪を起こしてしまうのである。

自分を名前で呼ぶ女性には、極力近づかないのが賢明だ。仕事の関係でそういうわけにもいかないという方は、適当に持ち上げて当たり障りのない会話に終始することをオススメする。

気の弱い人は、指さしで
相手を威圧して
支配しようとする

悪意が潜む!? 言葉遣い

知り合って間もない人にいきなりタメ口で話しかけられると不愉快なもの。その一方で、いくら仲良くなっても敬語を改めようとしない人も。相手の言葉遣いや言い回しに気をつけてみよう。

キーワード

・敬語
・肯定してくれる人
・イエスマン

◇付き合いが長くても敬語なのは警戒から

目上の人に敬語を使うのは当然だが、同じぐらいの年齢やキャリア、また年下にさえも敬語を使う人がいる。付き合いが短いのであればそれも仕方ないと思えるが、2年、3年と長い付き合いになってもいつまでも敬語が抜けないケースもあるのだ。

気の知れた同僚や知人、友人でさえも敬語を使ってしまうのは、礼節を重んじているわけではない。むしろ、親しい間柄でもむやみに敬語を使うのは失礼にあたるはずである。

それでも敬語を使い続けるのは、その相手に対して一定の距離を取っていたいという心の表れだ。このタイプは、他人と深く関わることに慎重になるので、互いに打ち解けるまでにはかなりの時間がかかる。かといって、急に距離を縮めようとしても、むしろ警戒される可能性があるので注意だ。

◇他人を肯定する人はむしろ頑固な性格!?

仕事やプライベートでも「そうですね」「なるほど」「いいですね」と肯定的に話を聞いてくれる人がいる。こういう人と会話をすると、話が弾むためどんどん相

いつも丁寧で礼儀正しい人は何を考えている？

いつも敬語

ある程度親しくなっても敬語を崩さない人は、他人と深く関わることに慎重になっている用心深い人

いつも他人を肯定する

他人を肯定してばかりの人は主体性がなく優柔不断タイプ。いったん肯定して、自分の意見を述べるのは合理的に物事を進めたい戦略家

NOと言わない

他人の意見を否定しない、嫌なことでも断れない人は、周囲からよく見られたいと考えていて、嫌われないために賛同している

手に気を許してしまう。

だが、この肯定派の人間には注意が必要だ。なぜなら、彼らはあなたの会話に納得してあいづちを打っているわけではないからだ。

頭が切れる冷静なタイプの人間は、最初から話の腰を折ったりしない。そうすれば、相手が意地になったり、へそを曲げてしまうとわかっているからだ。だからこそ、最初は「そうですね」と同調し、納得して聞いているように見せて、自分のターンになったら一気に自論を展開してくるのだ。

いくら相手が自分の話を肯定的に聞いてくれているからといって、イエスマンと決めつけるのは早い。裏がある可能性もあるので気を許さないように。

◇イエスマンの手のひら返しにはご注意を

どんな会話にも同調するイエスマンがいる。彼らは、目上の人に合わせてご機嫌取りをしているのだ。このタイプの人間は非常に承認欲求が強いので、誰かに褒められるためならば自分の意見を曲げて平気で「イエス」と言えるのである。

このイエスマンは簡単に手のひら返しをしてくることがあるので注意しなければならない。たとえば、自分の意見に同調していたイエスマンに、自分よりも目上の人が反対意見を出すと、すぐにそちらに寝返ってしまう。より上の立場の人間に取り込まれやすいので、決して信用してはならない。

その「YES」は
全自動モードかも？

声の大きさでわかる性格

たまにいる、まわりが迷惑しているのもお構いなしに大声で店員を呼ぶ人。その一方で、聞こえないくらい小さな声でしか話さない人も。話し声の大きさから、相手の願望が見えてくる。

キーワード

・大声で呼ぶ
・ヒソヒソ声で話す
・独り言

◇店員を大声で呼ぶ人に隠された心理とは

客がごった返す居酒屋で、「すみませーん！」と驚くほど大きな声で店員を呼ぶ人がいる。そんなに大きな声を出さなくても、店員が近くにきたときに呼べばいいものをと思ってしまうが、彼らはそんなことにはお構いなし。店員が接客中であっても、大声で自分が呼んでいることをアピールするのだ。

すでにおわかりだと思うが、彼らは非常に自己顕示欲が強いタイプだ。心の中では、自分は無視されるかもしれないという不安が渦巻いており、大げさとも思えるほど大きな声を出して主張する。むしろ気が小さいのだ。

会社でもやたらと大きな声で呼んでくる上司がいたりするが、彼も気が小さいから大声を出すのだ。それを知っていれば、上司への対応も気が楽になるだろう。

◇ヒソヒソ声で話す人はストレスを抱えている

誰かに聞かれたくない話をしているわけでもないのにヒソヒソと声をひそめて話す人がいないだろうか。こんな人は、常に正しい自分を示していたいと考える完璧主義者であり、他人から間違いを指摘されるのが怖くてヒソヒソと話してし

声の大きさをCHECK!

日常の色々な場面で、性格が声の大きさに出ているのを見ることができる

大きな声で店員を呼ぶ

周囲の人が驚くほどの大きな声で店員を呼ぶ人は、目立ちたがり屋。声に驚いた人が自分を見るのも気持ちいいと感じている

聞こえにくいほどのヒソヒソ声で話す

他人の目を気にするあまり、自然と声が小さくなってしまう。自分の理想が高いため、自分にも他人にも厳しいタイプ

独り言がつい出てしまう

閉鎖空間にひとりでいると、平常心を保とうと自然と独り言が出てしまう。まわりに人がいても独り言が出る人は、まわりが見えなくなりやすいマイペースな人

声は、時と場合によって必要な音量が変わるのでTPOを意識したい

まうのである。

このタイプの人間は向上心が強く、職場や仲間内からの信頼も厚い。ただ、あまりにも完璧であろうとするがゆえに自分を追い込んでしまい、オーバーワークになって倒れてしまったり、突然姿を消したりすることも。チームプロジェクトの重要な役割を任せたりすると蒸発する可能性もあるので、なるべくストレスのないように注意するといいだろう。

◇独り言を言ってしまうのは自己防衛本能

人間は隔離された環境にひとりいると、次第に心の安定を欠いていき、やがて壊れてしまうといわれている。「人はひとりじゃ生きていけない」なんて言葉もあるが、これはまさにそのとおりで本当に死んでしまうのである。

しかし、どんな人にも孤独な時間は必ず訪れる。そんなときについ出てしまうのが独り言だ。誰がいるわけでもないのに、ついついひとりで投げかけるような言葉を発してしまう。

この独り言というのは、孤独になる恐怖から自分を守るための自己防衛本能である。見えない誰かに対して言葉を投げかけることで、自分はひとりじゃないことを示そうとしているのだ。

ただし、四六時中いつでも独り言を言っている場合は、精神に異常をきたしている可能性もある。早めに病院に行くことをオススメする。

皆に注目されたいから、大声でアピール

うわべに騙されないために

人に誤解されてしまう人がいる一方で、上司の覚えがめでたいのは社交辞令がスラスラと出てくる人。人を一面だけで判断しないために、ちょっとしたポイントを押さえておきたい。

キーワード

・社交辞令
・深々と頭を下げる人

◇社交辞令がうまい人ほど信用できない

社会に出れば処世術のひとつとして、社交辞令を覚えなければならない。たとえその気がなかったとしても、「今度飲みに行きましょう！」や「前向きに検討します！」と言い、相手の機嫌をうかがわなければならないのだ。

社交辞令は仕事を円滑に進めるためのスキルとされ、言ってしまえばウソが上手でなければ社会で認められないということになる。

テキサスA&M大学のデボラ・キャン

シーは、学生77名と社会人70名に協力してもらい、自分がついたウソと、そのウソが見抜かれたかを日記に記録してもらった。すると、ウソをついていると見抜かれない人たちには、次の4つの特徴があることがわかった。

①皮肉っぽく他人を見ている
②道徳観がない
③罪の意識が薄い
④人を操ることに快感を覚える

つまり、ウソが上手な人は斜に構えて相手を見ているといえる。社交辞令は確かに社会人として必要なスキルかもしれないが、あまり上手になっても相手を舐めてしまう可能性があるので気をつけよう。また、やたらと社交辞令が上手な人を簡単に信用しないほうがいいだろう。

社交上手な人をCHECK!

社交辞令とわかってはいても、お世辞を言われるとうれしいもの。社交的な人は好印象を与えるが、信用に値する人物とは限らない

社交辞令は一種の「ウソ」ともいえる

平気でウソをつく人に当てはまる特徴

① 他人に対して批判的
② 道徳にこだわらない
③ ウソをつくことに罪悪感がない
④ 相手をコントロールすることに喜びを感じる

深々と頭を下げる人はどんな人?

ペコペコと腰が低い人には卑屈な印象を持ってしまうが、相手に深々と頭を下げる人はプライドが高いものの自分をコントロールして協力関係を作ろうと努力できる人

◇深々と頭を下げる人が誠実とは限らない

日本人には決して欠かすことのできないマナーであるおじぎ。頭を下げるという行為は相手よりも下になることを意味し、感謝の気持ちや尊敬の念を表すときに用いられる。

おじぎのやり方はひとつのように思えて様々な形があり、そのやり方によって相手の心理を見抜くことができる。たとえば、頭を申し訳程度しか下げない人は過度の自信家であり、相手よりも下になることはプライドが許さないため、ちょこんとおじぎしてすぐに頭を上げてしまうのである。

頭を下げつつも上目遣いで相手の反応をチラチラ確認する人はちょっと複雑なタイプだ。相手に失礼のないよう礼儀正しくしたいという思いと、相手がどう思っているか確認したいという気持ちが同居しており、気の弱い人が多い。

そして、深々と頭を下げておじぎする人は、一見とても礼儀正しいようにも思える。が、相手の姿までまったく見えなくなるほど深くおじぎする行為は、その相手を視界から消してしまいたいという心理が働いているのである。

深々と頭を下げておじぎする人は礼儀が正しいわけではなく、むしろあなたのことを嫌っている可能性があるので、「この人は礼儀正しい素晴らしい人だ」と考えるのは早計だ。普段の言動などを観察し、見極めよう。

お辞儀のスタイルには相手の腹の内が見えている

イライラしている人の動作

いつもニコニコしている人や、ポーカーフェイスの人は表情から感情を読むのが難しい。しかし、動作にもイライラしている感情は表れるので、見逃さずにチェックしよう。

キーワード

・すぐタバコを消す
・貧乏ゆすり
・レシートを丸める

◇すぐタバコを消すのはイライラの証拠

最近では愛煙家もめっきり少なくなってしまったが、喫煙所でのコミュニケーションは社会人にとって重要なものとされている。そこで、タバコの吸い方からわかる相手の心理を分析していこう。

まず、タバコを指にはさんだまま、灰が落ちそうなほどに伸びていたら、その人は会話に夢中になっている。タバコをくわえたまま会話することはできないので、タバコを口にしないまま話し続けたり、話に聞き入っているのなら、会話に集中している証拠である。

逆にタバコを吸い始めてすぐに消してしまう行為は、早く話を切り上げて出て行きたい気持ちを表している。タバコを消すことは、そこから離れたいという心理なので、タバコに火をつけて消してを何度もくり返している人は、相当イライラしているはず。

◇貧乏ゆすりは イライラの解消に役立つ！

会社で仕事をしていると突然デスクがゆれ始め、よくよく確認してみたら隣に座っている同僚の貧乏ゆすりだった。そんな経験は誰にでもあるだろう。人は落ち着かなくなると貧乏ゆすりをしてしま

いつもイライラしている人

イライラしている人が周囲にいると、モチベーションにも悪影響が。イライラの原因は本人の考え方や性格によることも

タイプA	攻撃的な行動に出やすい性格の人をこう呼ぶ。「競争的」「怒りやすい」などの特徴がある
タイプB	タイプ A のような攻撃的な特徴のない人をこう呼ぶ

タイプAの人は事故を起こしやすい!?

心理学者のエバンスらがバスの運転手を対象に調査をした

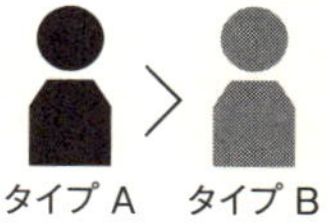

・ほかの車を追い越す　・クラクションを鳴らす

タイプ A の運転手は、タイプ B の運転手の約2倍クラクションを鳴らし、頻繁に追い越しをするなど周囲に攻撃的な運転をしていることが明らかになった

うが、なぜあんなふうに激しく足をゆすってしまうのだろうか。

貧乏ゆすりしている人を見ると、イライラしている気持ちをアピールしているように見えるが、これは正しくない。貧乏ゆすりは、足を小刻みにゆらすことによって脳へ細かな刺激を与え、ストレスとなるネガティブな思考をほかに追いやろうとしているのである。

つまり、貧乏ゆすりとはあくまでイライラを解消するための行為であり、もちろんやっている本人に悪意はない。

◇レシートを丸めて捨てる人の心理とは？

コンビニやスーパーのレジで必ずといっていいほどもらうレシート。経費の精算に必要な場合や家計簿をつけている人以外には不要なもので、受け取りを拒否する人も少なくない。

しかし、おつりと一緒に渡されると受け取らざるを得ず、レシート入れやゴミ箱に捨てることになる。

その際、レシートをくしゃくしゃと丸めて捨てる人は、かなりストレスがたまっていると見ていい。レシート自体は決してかさばるものではなく、丸めたほうがむしろゴミとしては大きくなる。

それでもあえてくしゃくしゃとしたいのは、紙を丸めるという行為によってストレスの解消を無意識のうちにおこなっているからだ。

イライラのメカニズム

普段は笑って許せることでも、イライラしているときにはどうしても許せない。そもそも、イライラはどのように起こるのか？

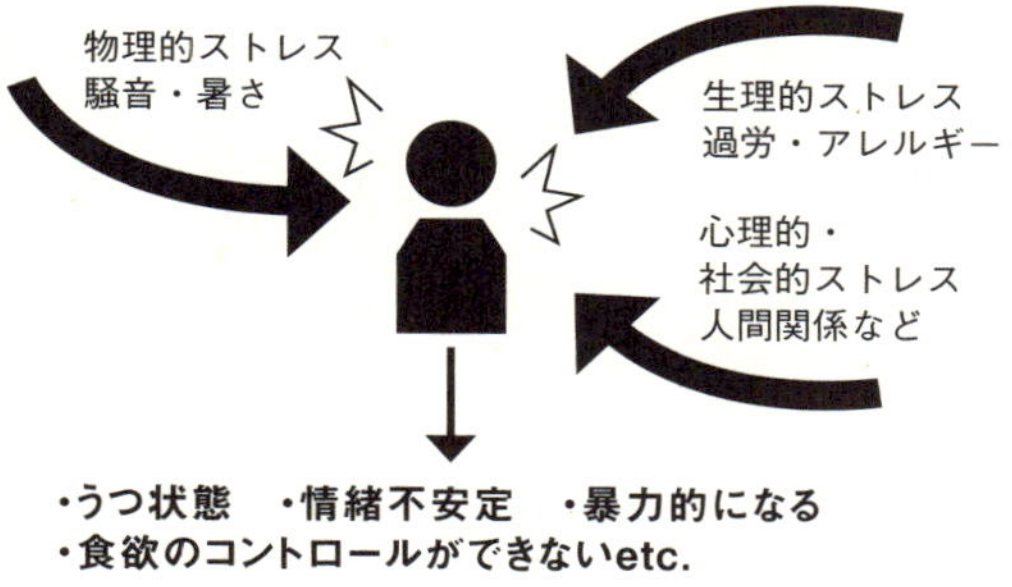

イライラを作り出す環境

頑張りすぎて精神的に疲れている

ベストを尽くそうと頑張っていると、いつの間にか限界ギリギリまで神経をすり減らしてしまうことも

対人関係の板ばさみになっている

うまくいかない人間関係は、人を疲れさせ、イライラさせる

他人からの評価を気にしすぎている

人の目を気にして自分の行動を制限してしまうことで思うようにいかず、イライラしてしまう

自分を中心に物事を考えている

他人がやってくれて当然と考えていると、うまくいかないことを他人のせいだと考えて横暴にふる舞ってしまう

落ち着きのない人の共通点

落ち着きのない人は、見ているこちらまで気持ちが安定しなくなってしまう。心配性や集中力が不足している人がなぜそうなってしまうのか、どういう人なのかを見極めるための共通点を紹介しよう。

キーワード

・話し出すと止まらない
・目をキョロキョロさせている
・さいふの中身がパンパン

◇話し出すと止まらないのは不安だから

これは女性に多いタイプだが、一度話し始めると止まらない人がいる。友達の恋愛話をしていたと思ったら、突然学生時代の話に移り変わり、いつの間にか旅行に出かけたいという話になっていたり。猛烈な勢いで話してくるので、こちらはただ聞くことしかできないのだ。

このように話し出すと止まらない人は、大きな不安を抱えている可能性が高い。自分の心の中にたまっていたものをすべて吐き出すことで、心の平静を保とうとしているのである。

つまり、彼女たちは会話がしたいのではなく、一方的に話をしてスッキリしたいのである。もし、相手の話が止まらなくなったら、興味がなくても「うん、うん」とただひたすらうなずいていればいい。

◇いつも目をキョロキョロする心理

もし、あなたが初対面の人と会話をしていて、その人が目をキョロキョロとさせていたらどう思うだろうか。「対人恐怖症かも」や「ヤバい奴だ」と思ってしまうかもしれないが、必ずしもそうとは限らない。

実は目をキョロキョロとさせるのは精

落ち着かない理由

いつもソワソワ、ウロウロ落ち着かない行動は不安によるものと病的なものの2とおりある

不安感	知らない場所にきた、生活環境が変わった、人間関係が変化することで不安を感じると、落ち着きがなくなってしまう
病的なもの	不安感や心配事が常につきまとっているようなら、病気の可能性が。「全般性不安障害」が代表的な病気

落ち着かない原因

- **まわりの環境**…勤め先や家庭など、活動のメインとなっているような場所の居心地が良くないと不安がつのり、落ち着かない気持ちになる
- **自分の感情**…悩み事がある、何をしても楽しくないなど精神面の影響が体にも表れると、眠れなくなったり落ち着きがなくなる

落ち着きがない人の行動は、「せっかちな人」の行動と似ている。ゆっくりしている人を慌ただしく追い抜いたり、忘れ物が多いのが特徴。いずれも計画性に欠けることが多い

神不安定というわけではなく、好奇心がおう盛なので会話しながらもほかのことに興味を示してしまうからなのだ。色んな情報が目に飛び込んでしまって、注意が散漫になっているのである。

このタイプの人間は、好奇心おう盛なわりに人の話を全然聞いていなかったりするので、大事な話をするときは念を押して何回もくり返し、要点をまとめたメールなどを送っておくといい。

◇さいふをパンパンにしている人は心配性？

服装や小物はスマートなのに、さいふだけはパンパンに膨らませて持ち歩いている人がいる。中には現金やクレジットカードのほかにレシート、ポイントカード、会員証やATMの明細などをぎっしり詰め込んでいるのだ。

こういう人には、自分のスケジュールを管理できていないタイプが多い。必要なときに必要なカードや会員証だけを持ち出せばいいにもかかわらず、常に何が起こるかわからないからさいふをパンパンにさせているのだ。ハッキリいって、ただの心配性なのである。

また、チャンスを逃したくないという気持ちが強いので、強欲である可能性も高い。どちらにせよ、パンパンなさいふは格好が悪いので、なるべくなら持ち歩く必要のないものは家で保管し、必要なものだけを持ち歩くようにしたほうが見栄えや印象もいいだろう。

話し続けていないと不安！
途中で止めないで

他人に攻撃的な人の心理

他人に言いがかりのような非難をする人、こちらがイライラしているのもお構いなしに何度も同じ言葉をくり返す人。思わずカッとなりそうな嫌な人を知っておくことで、冷静に対処できる。

キーワード

・他人を非難する
・ネガティブコミュニケーション

◇他人を非難する人が持つコンプレックス

世の中にはすぐに他人を非難する人がいる。しかも、自分の得意分野でもないのに口を出してくるのだ。たとえば、自分はプログラミングができないのに、後輩の作ったプログラムにミスがあると鬼の首を取ったかのように罵るのである。

どうして、自分ができもしないことでも彼らは他人を非難するのか。これは、心理学的に「投射《とうしゃ》」と呼ばれるもので、自分ができないからこそ他人にその恥をなすりつけているのである。

自分ができない、苦手なことを必死に隠すため、相手の些細なミスでも大ごとかのように槍玉に挙げているのだ。こういった輩は冷静に反論すると逆上するので、上司など目上の人に相談するのが一番だろう。

◇ケンカしても相手の自尊心は傷つけるな

あなたはケンカの最中に、なぜケンカをしていたのかわからなくなったことがないだろうか。頭に血がのぼると、〝自分の言い分を相手にわかってもらう〟というケンカの本分を忘れて、ただただ相手を言い負かすことに必死になってしまうことがある。

2 行動・態度

色々なコンプレックス

コンプレックス 心理学者ユンクが提唱した理論。特定の物事に異常なこだわりを見せるのが特徴。日本で一般的に使われているのは、「劣等感コンプレックス」と呼ばれるもの

父親コンプレックス（ファザーコンプレックス）
子どもが父親に対して強い愛情を持つことをいう。一般的には娘から父親の場合が多い

母親コンプレックス（マザーコンプレックス）
子どもが母親に対して強い愛情を持つこと。一般的には息子から母親へ向けられる

カインコンプレックス
親の愛情が兄弟で異なっていた場合に、兄弟間で起きる競争や心の葛藤などのこと。家族以外の他人に対しても影響を与える

救世主コンプレックス（メサイアコンプレックス）
自分は救世主である、という妄想を抱くこと。宗教家以外にも、個人が個人に対して神のように絶対的な存在になりたいという願望のこと

ダフネコンプレックス
処女の男性恐怖を表す。ギリシャ神話で、生涯処女のまま月桂樹に姿を変えたダフネーの名に由来している

ダイアナコンプレックス
女性が男性になりたいという願望を抱くことをいい、ギリシャ神話のダイアナ（ディアナ）に由来している

これを心理学的には「ネガティブコミュニケーション」と呼ぶ。意味も目的もなく相手を言い負かすことは非生産的であり、この行為によって相手は自尊心を傷つけられるだけで、互いに何のメリットもない。

そうとわかってはいても、頭に血がのぼってしまうと気持ちを冷静に制御できないという方は、自分は今どうしてケンカをしているのかをしっかりと思い出すことが必要だ。

◇同じ言葉をくり返す人はねちっこい性格

「今の話つまらなかった？　ごめん、そんなにつまらないとは思ってなくてさ。ちなみにどこがつまらなかったの？　ぜひ教えてよ」

このように、会話の中で何度も何度も同じ言葉をくり返す人がいる。このタイプの人間は、強引にでも自分の意見を相手に受け入れさせようとする、ねちっこい性格の持ち主だ。

この手の人間が本領を発揮するのが交際相手との別れ際。今まで自分の意見を強引に押し通してきたため、相手にフラれても自分の何が悪いのかが理解できないのである。どんなに説明しても決して理解することはないので、結局は相手が悪いという結論を出し、攻撃を仕かけてくることもある。同じ言葉をくり返す人と別れ話をする際には、包丁がある自宅などは避けたほうがいい。

攻撃的なのは傷つきやすいから

ルーズな人を見抜くポイント

「時は金なり」ということわざがあるように、時間を守ることは社会人にとってできて当たり前のこと。時間よりも大幅に早く現れる人や、締め切り前になると別のことを始める心理を解き明かす。

キーワード

・ルーズな人
・セルフ・ハンディキャッピング
・共同責任

◇約束より極端に早くくる人はルーズ!?

約束した集合時間よりも30分から1時間早く現場に到着して待っている人がいる。相手を待たせないため早め早めに行動することは素晴らしいことだが、このタイプの人間はしっかりしているというよりは、むしろルーズな性格であることが多い。

なぜなら、何時に家を出て、何分の電車に乗って、どこで乗り換えるのか、段取りをきちんとできないからこそ、「遅れるくらいなら早めに行こう」という考えになるのである。これは、しっかりした人ではなく、むしろいい加減でルーズといえるだろう。

その証拠に、この手の人間は突然の約束に非常に弱い。「これから◯◯で待ち合わせよう」と言われると、必ずといっていいほど遅れてくるのである。

◇テスト勉強の直前に掃除を始める心理

明日は学校の試験があるから、頑張ってテスト勉強をしなければならない。そんなときに限って、急に部屋の汚れが気になって掃除を始めてしまう。こんな経験はないだろうか？

こうした行動は現実逃避をしていると

セルフ・ハンディキャッピング＝失敗しても傷つきたくない心

セルフ・ハンディキャッピング 失敗したときに言い訳ができるよう、あらかじめ自分に不利な行動をすること

心理学者バーグラスらの実験

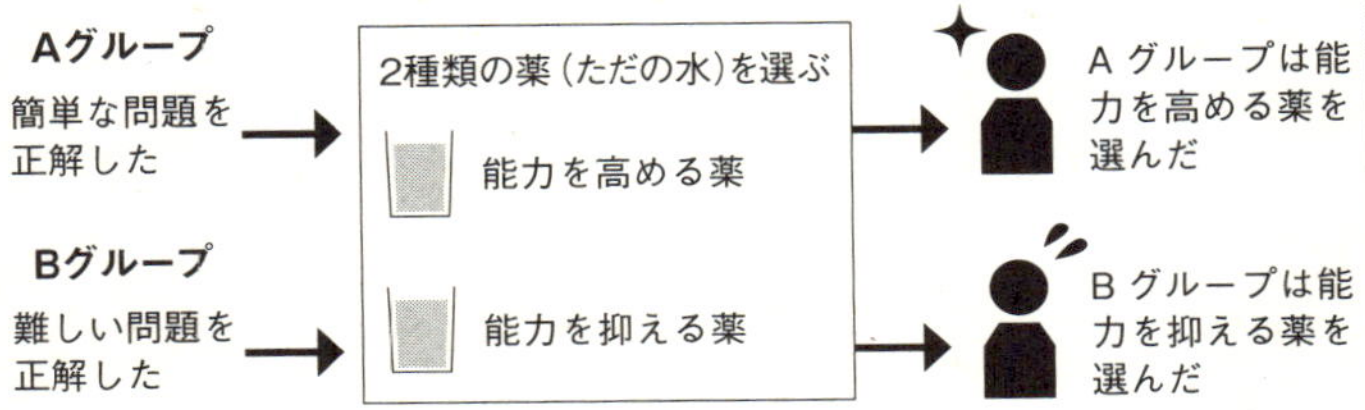
Aグループ
簡単な問題を正解した
Bグループ
難しい問題を正解した
2種類の薬（ただの水）を選ぶ
能力を高める薬
能力を抑える薬
A グループは能力を高める薬を選んだ
B グループは能力を抑える薬を選んだ

B グループは問題を解けなかったときのために、能力を抑える薬を飲んでハンデをつけた

思われがちだが、実はそうではない。現実逃避ではなく、心理学用語で言うところのセルフ・ハンディキャッピングというものだ。わかりやすく説明すると、「あのとき掃除をしてしまったからテストの点数が悪かった」と言い訳をするためにわざわざハンデになるようなことを自らしているのだ。

もし、頑張って勉強してもテストの点数が悪かったときのために、わざと不利な条件を作ってプライドが傷つくのを回避しているのである。

◇共同責任こそが無責任を生む元凶だった

ひとりでは荷が重いから共同で責任を負ってプロジェクトを進めるという考えがある。しかし、共同責任は無責任を呼んで失敗するケースが多い。これを心理学的にはリンゲルマン効果という。

綱引きをしたとき、ひとりで引っ張るのと複数で引っ張るのではどれくらい力の入れ方に差が出るか実験をおこなったところ、ひとりで綱を引っ張る力を100とすると、ふたりで引っ張る力は93、3人だと85といったふうに人数が増えるほどひとりひとりの力は弱くなっていったのである。

これは共同で責任を負うと「誰かがやるだろう」という無意識の意識が働いてしまい、いつの間にか手抜き作業になってしまっているのである。責任の分散はやめたほうがいいだろう。

「待ち合わせに送れないよう、
前泊しちゃった」
そんな人はきっとルーズ

自慢大好きな人は自信がない

自慢ばかりしていては、まわりから人がいなくなってしまう。自慢、それも有名人や身内など、自分以外の他人の話を誇らしげにする人に共通する特徴を見ていこう。

キーワード

・有名人の知り合い
・栄光浴
・身内自慢

◇有名人の知り合いをアピールするのは？

聞いてもいないのに、「歌手の○○は知り合いの友達」や「アイドルの○○は出身校が同じ」など有名人をさも近い知り合いであるかのようにアピールしてくる人がいる。

これは高い評価を受けている人と自分とを結びつけることで、自分の評価も高めようとしているのだ。これを心理学的には「栄光浴」という。欲望の欲ではなく日光浴などの浴で、自分も間接的に栄光を浴びたいという意識のことである。

こういうタイプの人間は自分に自信がないからこそ、有名人という太陽の光に頼ろうとしているのであり、本当に有名人と知り合いなのかどうかも怪しい。だからといって、あまり問い詰めると落ち込んでしまうので、ほどほどに。

◇どうして主婦は身内を自慢したがるか？

主婦たちの井戸端会議の話を聞いていると、やたらと身内を自慢するような内容が多い。「ウチの息子は親孝行で……」や「ウチの主人が指輪をプレゼントしてくれて……」などなど、聞いているだけでウンザリするような自慢話ばかりが並べられているのだ。

自慢する人の心理

自慢話をするからには、ほめられたいと考えているもの。自慢の種類によって、自信を持っているポイントがわかる

お金や購入品の自慢
社会的なステータスを持っていることを自慢するために、高額で購入したものや年収など金銭に関する自慢をする

学歴や留学経験などの自慢
自分に教養があると思っていて、学歴などに誇りを持っているので、あからさまには自慢せず会話の端々にはさんでくる

家族自慢
専業主婦の中年女性に多い。普段家にいることが多いので、家族を通して社会と関わっていることを無意識のうちに理解している

自宅や服のオシャレ自慢
独自の世界観を持っていて、自信を持っている。自分のセンスや趣味を注ぎ込んだインテリアや服を誰かに評価してほしくてたまらない

過去の武勇伝
中堅以上のビジネスマンに多い。若い人と話題を共有したい、と積極的な一方でコミュニケーション方法がわからないので一方的な自慢になってしまうことも

有名な知人自慢
有名人とのコネクションをひけらかし、自分自身にも付加価値をつけたいと考えている。自分よりも有名人のほうが価値がある、とあきらめている部分も

どうして、彼女たちは身内自慢をしてしまうのかというと、言い方は悪いかもしれないが世界が狭いのだ。専業主婦の中には買い物や犬の散歩ぐらいしか外出しないという人もいるくらいなので、知らず知らずのうちに自分の世界が身内だけになるのである。

もちろん、積極的に外に出て自分の世界を広げる主婦も少なくはないが、家にばかりいて新しいことにチャレンジするのが次第に怖くなり、外に出なくなる主婦も多いのだ。

ただ、こういったタイプの主婦でもちょっとしたきっかけさえあれば変わることができるので、家族は習い事や子どもや夫を通じての人付き合いなど、積極的に外へ出ることを促してあげよう。

◇カタカナ語を使いたがる人は自信がない

何かにつけて、カタカナ混じりの日本語をしゃべりたがる人がいる。具体的には、コンプライアンス（法令遵守）やアイデンティティ（自己）、イノベーション（革新）、マイノリティ（少数派）などの言葉がよく用いられる。

わざと難しい言葉を使い自分をデキる人間に見せようとしているのだ。自分を知的に見せようとする行動を心理学的には「知性化」という。

ちなみに、本当にデキる人間というのは、誰にでもわかりやすい言葉で伝えようとするもので、カタカナ語を使うのは実力不足な人に多い。

夫
息子
身内自慢も
悪気はないんです

他人の不幸を喜ぶ黒～い心理

友達だと思っていたのに、うれしいことを報告したら不機嫌に、悲しいことを報告したらウキウキする。人の不幸を喜んでしまう、ミスを人のせいにする、そんな黒い行動のわけとは。

キーワード
・人の不幸は蜜の味
・言い訳
・内部統制・外部統制

◇人の不幸を喜び幸せをねたむ人間の心理

「人の不幸は蜜の味」とはよく言ったもので、芸能人のスキャンダルに喜んで飛びつく人も多いだろう。なぜ、人は他人の不幸に強く惹かれるかというと、「あの人に比べれば自分のほうが上」という優越感に浸れるからである。

逆に他人の幸せを聞くとねたみの気持ちが湧き起こってくる。人間というものは、どうしても他人と自分に優劣をつけたがる生き物で、特に自尊感情が低い人ほど他人をねたみやすい。

◇言い訳が多い人は物事がうまくいかない

何かと失敗したことに対して言い訳をしたがる人がいる。このタイプの人間は、「失敗したのは自分の能力のせいではない」と言い張り、また自分自身もそう思い込んでいるので、あまり努力をしようとしない。

努力をしないどころか、失敗したときのためにわざと言い訳になるような不利な行動を取ったりするので、非常にたちが悪い。言い訳ばかりするようになると、次第に言い訳地獄に陥ってしまうので、自分のミスでなくとも言い訳はしないようにしよう。

自尊感情は性格にも影響を与える

アメリカの心理学者ジェームズが提唱した理論

自尊感情とは　自分には価値があり、人から尊重されるべき人間であると考える、自分自身を肯定できる感情のこと

自尊感情の高い人

こうなりたい、という思い（願望）を実現してきた人は、「自分はできる」ということを経験から学んでおり、高い自尊感情を持っている

自尊感情の低い人

こうなりたい、という願望に対して、挫折が多い（達成度が低い）人は自分に自信がなく、自尊感情が低くなる

自尊感情の高い人は、他人の評価に影響されず「自分は自分」と考えるが、自尊感情の低い人は他人の評価に左右されやすく、自分自身の価値を自身で認めることができない

◇すぐにペコペコ謝る人を信用してはダメ

すぐに頭を下げる人は、自分が悪いのにもかかわらず意地を張ってなかなか頭を下げられない人に比べれば誠実であり、信用できるように思われるかもしれない。しかし、簡単に頭を下げて謝ってしまうような人は信用ならない。

誰だって人に謝るようなことはしたくないものである。にもかかわらず簡単に頭を下げるのは、「自分が謝ればこの場をしのげる」と考えているからだ。

誠実どころか、彼らは頭を下げながら見えないところで「ちょろいもんだ」と舌を出している、ずる賢い人間といえるのである。

◇悪いことが起こるのは果たして誰の責任

自分にとって悪い出来事が起こった場合、あなたはそれを誰の責任とするだろうか？　悪い出来事が起きたのは誰かのせいや運のせいと自分以外の責任にする人を「外部統制型」といい、逆に悪いことは自分のせいだとする人を「内部統制型」という。

また、失敗は他人のせい、成功は自分のおかげと考えるのを「自己高揚的帰属傾向」と呼び、逆に成功は他人のおかげで失敗は自分のせいと考えるのを「自己卑下的帰属傾向」と呼ぶ。それぞれ精神を安定させるための術だが、日本では自己卑下的帰属傾向が好まれる。

自分より不幸な人がいるとうれしい

デキる人はタイピングが速い

なんでもテキパキとこなす人は、見ているこちらも気持ちが良くなるもの。タイピングの速さと頭の回転速度が関係しているように、口調や献身的な行動にもその人の性格が表れている。

キーワード
・タイピング
・語尾
・社会的交換理論

◇タイピングが速い人は頭の回転も速い

驚くほどキーボードを打つのが速い人がいる。タイピングなんて慣れの問題だと思うかもしれないが、何十年パソコンを使っていても一本指でしかタイプできない人もいれば、わずか数カ月で速打ちができるようになる人もいる。この差はどこにあるかというと、実は頭の回転の速さの違いなのだ。

北アイルランドの心理学者マーガレット・マクロリーは、大勢の実験参加者を集めてタイピングの速さを測定した。その作業が終わったあとで参加者に知能テストもおこなったところ、タイピングが速い人ほど言語や理解、記憶などのテストでも高得点を記録していたことがわかった。

ドイツの哲学者であるカントは、「手は外部の脳である」と言ったそうだが、複雑な作業をこなす手が優れているということは、すなわち優れた脳を持っていることになるのである。

◇語尾がハッキリするほど性格もハッキリ

会話をしていても「そうなんですか……」と語尾が沈黙の状態になるような曖昧な返事をする人がいる。この手の人

頭の良い人＝頭の回転が速い人ではない

どちらも称賛の意味で使われている「頭が良い」「頭の回転が速い」だが、両者は同じようでいて違う。頭が良い人が必ずしも頭の回転が速いとは限らないのだ

頭の回転が速い人の特徴

- **会話の展開が速い**…1の事柄を話せば3～5以上を理解したうえで言葉を返してくる人。1の事柄から1の内容を理解したばかりの人からしたら、会話の展開が速く突然に感じられることも
- **話が飛躍しがち**…上にも関連するが、本人は前提をもとにきちんと説明しているつもりでも、ほかの人にはそれが共有されていないと、話が飛躍していると取られてしまう
- **切り返しがうまい**…一歩先まわりして考えることができるので、人が考えもしないようなレスポンスを返すユーモアのある人が多い
- **記憶力がいい**…ほかの人がすぐに忘れてしまうような細かい情報でも、とっさに記憶することができ、必要なときには思い出して利用することができる

間は優柔不断な性格で、いざというときに逃げ出すことがあるので、あまり信用できないタイプだ。

これとは逆に、語尾を強めてやたらハッキリと言い切る人もいる。特徴としては、語尾に「ね」や「よ」を使い言葉を強調する。たとえば、「なるほどね」や「無理ですよ」など。

この手のタイプは性格がハッキリしているのはいいが、若干強引な部分があるので押し切られないように注意しなければならない。

◇つくすのは相手のためでなく自分のため

世の中には「つくし系」と呼ばれる、相手に対してなんでもつくしてしまうタイプの人間がいる。

つくすというのは、他人のために精一杯働いたり努力したりすることであり、見返りを求めないものなのだが、実際には「社会的交換理論」と呼ばれる損得感情が働いている。

つまり、「私がこれだけつくしたのだから、もっと愛してくれて当たり前」といった心理が自然に発生しているのだ。そのため、交換条件である相手からの愛が足りないと判断すると、思いのほか早く冷めてしまうのである。

つくし系はいわゆる熱しやすく冷めやすいタイプでもあるので、あなたに注がれているその献身性がいつまで続くかはわかったものではない。

頭の中の情報を素早くアウトプット

column

本当にあった怖い心理学実験 ②

ミルグラムの実験

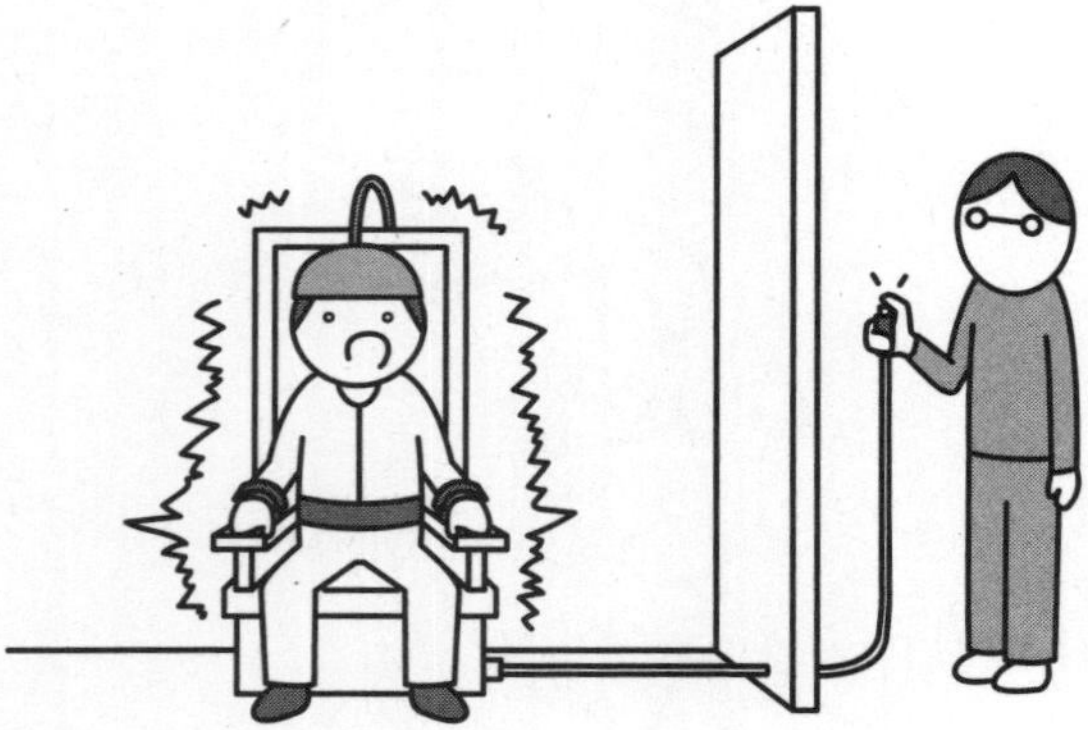

権威ある人の命令で人は残虐になれる

心理学者ミルグラムが権威の下での服従実験をおこなった。先生の役には、罰の指示を出してもらう。別室には、生徒が電気イスに腰かけている。

実験者（研究者）が電流を流すよう指示したら、先生役の実験参加者はどの程度まで命令に従うのかを実験した。

生徒が痛がって「やめてくれ」と頼んでも、実験者の指示どおりに電流を流し続けた人は65％にものぼる結果となった。それは、たとえ生徒が気絶しても変わらなかった。人間は権威に服従して、驚くほどの攻撃性を発揮することが明らかになった。

第3章

しぐさ・リアクション

人の緊張状態は動作でわかる

大勢の人を前にして、体が緊張でガチガチに固まった経験はないだろうか。緊張は、人の体に色々な影響を与える。一見するとやる気がなさそうに見える動作も、緊張が影響しているのだ。

キーワード

- ウソを隠す
- 緊張状態
- 口内の乾き

◇体が固まったように動かなくなる原因

人は突然緊張状態に陥ると、まるで蛇に睨まれた蛙のごとくピクリとも動けなくなってしまうことがある。しかし、人間が固まってしまうのは緊張状態のときだけではない。

イタリア・ボローニャ大学の心理学者マルコ・コスタは、被験者がひとりのときと複数人でいるときにエロチックな写真を見せ、その反応を調べた。すると、ひとりで見たときよりも複数人で見たときのほうが体の動きが減ったのだ。このように、人は気まずいときやバツが悪いときにも体が固まったように動かなくなるのである。

◇動きが少なくなったら隠し事を疑え！

ウソを見抜く方法はいくつもあるが、もっともわかりやすいもののひとつが体の動きを見ることだ。人は、言葉だけでなく表情やしぐさなどでもコミュニケーションを図っている。しかしウソをついていると、見破られないように、なるべく相手の判断材料を減らそうと脳が判断するため、体全体の動きが無意識に少なくなるのである。

その中でも特に顕著なのが手の動き

不安な人がやりがちな動作

体の動きが少なくなる

体全体の動きが減り、特に唇が固く結ばれているのが特徴

声のトーンが突然上がる

かなり緊張している。体が（緊張で）硬くなると、声が上ずってしまう

あくびが出る

退屈を感じたときに出るイメージだが、不安やストレスを緩和したいときにも無意識のうちに出る

リアクションが減る

身ぶり手ぶりが減ったら、ウソなど何かを隠そうとしている可能性あり

だ。手は外部の脳であるといわれるように、考えていることは手に出やすい。そのため、手のひらを見せないようにギュッと握っていたり、ポケットに隠していたら、ウソを隠そうとしている可能性があると考えて良い。

◇あくび＝気がゆるんでいるとは限らない

あくびをしている人を見ると、気がゆるんでいるとか緊張感がないと思ってしまいがちだ。しかし、実はあくびは眠かったり、リラックス状態だから出るとは限らず、緊張状態でも出ることがあるのだ。

人は不安やストレスを抱えた緊張状態にあると、口の中が乾きがちになる。そんなとき、脳が指令を送ってあくびをすることで唾液腺を刺激し、口内の乾きをうるおそうとするのである。

◇声のトーンが高くなるのは緊張のサイン

人はウソをついていたり、何かをごまかそうとするとき、それを見破られないようにほかのことに気を逸らそうと無意識に脳が働くことがある。たとえば声のトーンが高くなり、上ずったり、早口になったりするのも緊張のサインだ。

急に声のトーンが高くなったら、不自然さからむしろウソやごまかしを見破られそうな気がするが、脳は必死に相手の注意を逸らそうとしているのである。

耳障りな上ずった声は
ミスから意識を逸らす
カムフラージュ

動作でわかる焦りと不安

焦りや不安など、ネガティブな感情が生まれると気持ちにも余裕がなくなり、それは動作にも表れる。覚えておくと、交渉や契約など相手よりも優位に立ちたいときに有効だ。

キーワード

・腕組みの違い
・のんびり話す
・ウソをついているときの動作

◇不安になっている人の腕の組み方の違い

商談の最中に相手が腕を組み始めたら、その相手は警戒を示している可能性が高い。腕組みのポーズはバリアの役割を果たしており、威嚇や警戒、自衛の意思を表しているのである。

つまり、商談中に相手が腕を組むというのは、「あまり好ましくないな」や「怪しいな」と思われているわけで、話し合いが難航することを示している。また、腕を組んだ状態で二の腕を掴んでいる場合は、不安な気持ちを表している可能性もある。相手の様子を見て臨機応変に対応しなくてはならない。

◇慌てていると話し方がのんびりになる？

会話をしている最中に話し方のペースが変わり、急にゆっくり、のんびりとした口調になったら、それは相手がかなり慌てているサインかもしれない。

最初からのんびり話すのであれば丁寧に説明したいという意思を感じるが、突然のんびりした話し方に変わるのは頭をフル回転させているからである。自分の置かれた立場がまずくなると、作戦を練り直すために考える必要があるので、のんびり話すようになるのである。

不安をごまかすときの動作をCHECK!

目をこする

ウソをついている可能性が高い。目からウソをついていることを悟られないよう、手で目を隠そうとしている

腕を組む

組んだ手が握り拳になっていたら反対意見、手が二の腕を掴んでいたら何か不安な気持ちを隠そうとしている

あえてのんびり話す

突然ペースダウンして話し始めたら、時間稼ぎや相手の出方をうかがおうとしている

やたらと水を飲む

ウソをつくと口やのどが渇くため、頻繁に水を飲んでのどをうるおそうとする

◇目をこするのは やましいウソがあるから

会話をしていて突然相手が目をこするしぐさをしたら、何かやましいウソがあると考えられる。

目は口ほどにものを言うというように、目は多くの情報を発信している。なので、その目を相手の視線から隠すようにこするのは知られたくない秘密を抱えている証拠なのだ。

また、視線を外すでも顔をそむけるでもなく、目をこすって隠そうとするウソのごまかし方は、見た目でわかるかなり直接的な方法であり、絶対に知られたくないようなやましいウソをついている可能性が高いと考えられる。

◇会話中にやたらと 水を飲む人の心理とは

真夏に外まわりをして、喫茶店に入り水を飲み干す。よく見る光景だが、緊急にのどが渇いているわけでもないのにやたらと水をガブ飲みしている人がいたら、注意したほうがいい。

先述したが、口が乾くというのは緊張状態にあることを示している。口が乾くと咳き込んだり、上手にしゃべれなくなるため、ついつい水を飲んでしまうのである。水を飲んでもその渇きが癒されないということは、何か不安に思っていることがあるはずだ。隠し事かもしれないし、ウソをついている可能性もある。とにかく注意が必要だ。

ウソをつくと口が乾いて水がほしくなる

不自然な動作に注意！

会話のテンポがズレる、話が噛み合わない。そんな意思の疎通がうまくいかない場面に遭遇したら、相手が何かやましいことを隠しているのかもしれない。不自然な動作の理由を見てみよう。

キーワード
・うなずきのタイミング
・舌打ちの意味

◇相手のうなずくタイミングに注意しよう

人の話を聞いていると無意識のうちにうなずいてしまっている。これは相手の会話のテンポを良くするためにおこなっているもので、もっと話を聞きたいというサインでもある。

しかし、相手のうなずくタイミングが微妙にズレていた場合は、それはあなたの意見に納得していない可能性が高い。なぜなら、あなたの言葉をすぐに飲み込めないから、うなずくタイミングも若干遅れてしまうのだ。そんなときは、「どう思う?」などと相手に意見を求めると、話がスムーズに進むようになる。

◇呼びかけに「えっ?」と返す人の持つ心理

何度か呼びかけてもなかなか反応がなく、ようやく「えっ?」と言ってこちらをふり返る人がいる。この手のタイプは非常にプライドが高く、扱いづらい人間である可能性が高い。

呼びかけに「えっ?」で答える人は、たいてい呼ばれたことに気づいていないわけではなく、「あなたの存在が眼中になかった」と示したいだけなのである。自意識過剰でプライドが高いために、相手を下に見ていることをアピールしてく

うなずきはふたつの意味を持つ

うなずきは相手に感情を伝える動作・ボディランゲージのひとつ。
うなずきの頻度で相手の感情を読み取ることができる

自然なうなずき	⟷	多すぎるうなずき
相手の会話の息継ぎのタイミングをジャマしないうなずきは、話す側にもっと話してほしいという意思表示になり、円滑な会話につながる		相手の話をさえぎるほどに頻繁なうなずきは、「すごくわかる!」という同意と考えられなくもないが、会話を切り上げたいという意思の表れ

適度なうなずきなら相手を安心させることができる一方で、頻繁なうなずきは会話を中断させたいという意思表示。会話が盛り上がったときにも、相手の様子をうかがうようにしたい

るのだ。このタイプは人間としての器がかなり小さく、面倒なのでかかわり合いにならないほうがいい。

◇ウソをついていると思ったら冗談で返せ

相手の言動に怪しいところがあり、「もしかして、ウソをついているのでは」と思ったら冗談で返してみよう。ウソをついている人は心に余裕がなくなり、頭の中で思考がフル回転しているため、突然の冗談に気づかないことが多いのだ。

もし、そこで相手が本当に冗談に気づかなかったら、ほぼ黒といって間違いないだろう。ただ、あまりわかりづらい冗談だと普通にスルーされてしまう可能性もあるので、できるだけわかりやすい、誰が聞いても冗談だと思うようなことを言わなければダメだ。

◇舌打ちにはふたつの異なる意味があった!?

会話の途中に舌打ちをされたら、相手が怒っていると感じるだろう。実は舌打ちで表現される怒りには2種類あることをご存知だろうか?

ひとつは相手に向けられた怒りであるが、もうひとつは自分自身に対しての怒りである。舌打ちした人は、もしかしたら自分を不甲斐なく感じている可能性もあるので、キツく当たったりしないようにしてあげよう。

不自然にうなずきが多いのは話を終わらせたいサイン

座り方で相手の感情を見抜く

イスに座っている人を見ていると、色々な座り方をする人がいることに気づくだろう。腰かけ方や足の動きから、自分に対する感情や心情を読み解くことができる。

キーワード

・足を組み替える
・浅く座る
・逆向きに座る

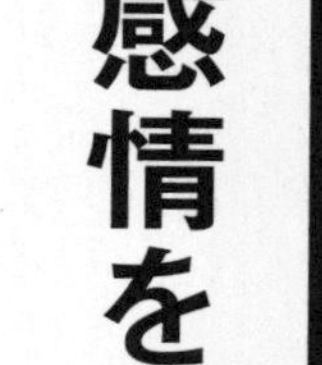

◇頻繁に足を組み替える人は怒っている？

目の前に座っている人が足を組んでいたら、あなたに対して拒否感を持っている可能性がある。足を組むというのは腕を組むのと同じでバリアの役割を果たしている。つまりは、あなたを拒絶しているか緊張しているのだ。

さらに、足を頻繁に何度も組み替えていたら、より危険度は高い。頻繁に足を組み替えるのは強いいらだちや落ち着きのなさを示しているので、なるべく早く話を済ませて、相手を解放してあげよう。

◇イスに浅く座る人は気を許していない

相手が自分に気を許しているか、それとも警戒しているかはイスの座り方を見れば一目瞭然だ。もし、深くイスに腰かけていたら、それは気を許していることを意味し、逆に浅く腰かけていたら、それは警戒を意味する。

なぜかというと、浅めに座っていれば何かあったときにすぐに立ち上がって逃げることができるからである。実際には、何かハプニングがあってもすぐに立ち去るわけではないが、いつでも逃げられる準備をしておくことで不安を打ち消そうとしているのだ。

座り方からわかる拒絶の意思

座っているときにも、相手の考えていることを表情や動作から読み取ることができる

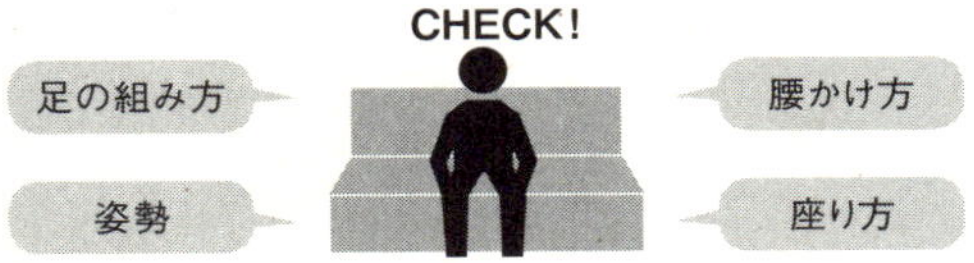

足を頻繁に組み替える

心を開いていない相手に対して足を組む。また、頻繁に組み替えるのは焦りや苛立ちの表れ

イスに浅く腰かける

親しみを感じている人と対面するときは深く腰かけるのに対し、浅く腰かけるのは相手に気を許しておらず、緊張・遠慮している

イスの背をこちらに向けて腰かける

背もたれをバリアに見立てることで、無意識に自分を防御している。その場を支配したい

◇イスの逆向きに座ることの意味とは？

ときどき、イスを反対向きにして背もたれが前にくるように座る人がいる。実は、この行為には「防御」と「支配」というふたつの心理が隠されている。

まず、背もたれを前にするのは背もたれを盾にして相手からの攻撃を防御したいという心の表れで、対面している相手にかなり警戒心を示しているのだ。

また、相手の攻撃から身を防御するのは、その場を支配したいという考えがあるからで、防御しながらも攻撃に転じてくる可能性が高い。こちらを警戒している相手から思わぬ攻撃を受けてしまわないように注意しよう。

◇座り方を見れば相手の退屈度がわかる

イスに座りながら話しているときに、相手の座り方によって自分に興味があるか、それとも退屈しているかを見分ける方法がある。まず、身を乗り出して両足を引いた状態で座っていたら、相手はこちらに興味津々だ。

しかし、片足を曲げてもう片方の足を伸ばして座っていたら、これはかなり退屈している証拠である。また、両足を投げ出していたり、背もたれに体を預けている座り方も退屈のサインなので要注意だ。このように、相手の座り方を見れば、今日のデートが成功か失敗かもひと目で判断できる。

一見ふざけて見えるけど
敵意に満ちている座り方

タバコを吸う人の心理

喫煙者にとって、タバコを吸うことは毎日の習慣のひとつ。無意識のうちに、吸い方にはその人の性格が表れている。喫煙アイテムの扱い方にも感情が出るので見逃せない。

キーワード

・灰皿
・タバコのくわえ方

◇灰皿を横にどけるのは興味ありの証拠

テーブルをはさんでふたりが対面して座っているとき、相手があなたに興味を持っているか否かを調べる簡単な方法をご紹介しよう。

まず、ファミレスなどの喫煙席に座り、相手と自分の真ん中に灰皿を置いてみる。そのとき、相手が灰皿をテーブルの端に寄せたら、相手は間違いなくあなたに興味津々だ。

なぜ、そんなことがわかるのかというと、灰皿を横にどけるという行為は、ふたりの間にある障害物を取り除くという意味を持っている。

　人は興味のある相手に対してもっと近づきたいと思っているので、その直線上に灰皿などの障害物があるとどけようとするのである。

　これは灰皿に限ったことではなく、ふたりの間に置かれたものならなんでも構わない。たとえば、ふたりの間に花瓶を置いても構わないし、ボックスティッシュでも大丈夫だ。

　相手が自分に興味を抱いているか知りたい方は、テーブル席で向かい合って座り、その中央に障害物となるようなものを置き、相手が横にどけるかどうかを確認してみよう。

　いつまでもふたりの間にある障害物を

タバコの吸い方でわかる相手の心理

喫煙者には欠かせない灰皿の位置で親密度がわかる

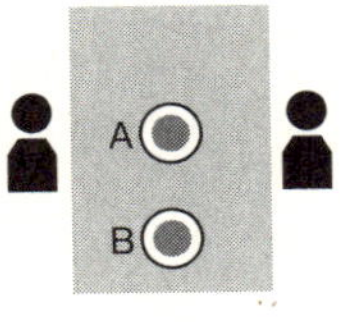

A 灰皿をテーブルの中央に置く

特になんとも思っていないか、あくまでも仕事上の付き合いだけで個人的には親しくなろうと思っていない

B 灰皿をテーブルの端にどける

中央にあっても困らないものをわざわざどける動作は、相手の話に興味を持っているか、もっと親しくなりたいという感情の表れ

タバコのくわえ方にも注目

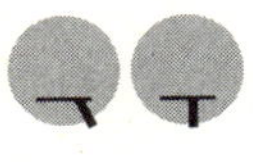

下向きor左側

仕事に対してまじめに取り組む人

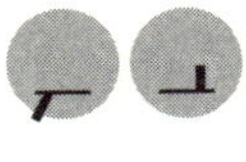

上向きor右側

見栄っ張りな性格。一発勝負に出ることも

どけようとしなければ、相手は話の内容やあなたに興味を持っていないということになる。

◇タバコのくわえ方でその人の性格がわかる

もし、あなたの同僚や友人がタバコを吸っているなら、くわえ方に注目してもらいたい。タバコをどのようにくわえているかで、その人の性格と仕事に対する姿勢を見て取ることができるのである。

まず、タバコを唇の左側か中央下向きにくわえている人は、心理学的に見ると用心深いところがあり、リスクを避け無理をしない堅実なタイプであると考えられる。これは手や口に灰が落ちないように常に気を配っているくわえ方で、仕事の場面でもきっちりとこなす人が多いといわれている。

また、唇の右側や中央上向きにタバコをくわえる人は、見栄っ張りで一発逆転を狙いたがる性格の人が多い。このくわえ方は手や顔に灰を落としやすく火傷のリスクが高いので、ある意味ではスリルを楽しむような大胆な挑戦をしたがる勝負師タイプといえよう。

ただし、これはあくまで右ききの人の話なので、左ききの場合は左右が逆になるので注意してほしい。左ききの場合は唇の右側と中央上向きにくわえるのが堅実タイプで、唇の左側と中央下向きにくわえるのが勝負師タイプとなるので、お間違いなく。

タバコを上向きにくわえる人は勝負師タイプ

手の動きで感情を読む①

日常生活のあらゆる動作に必要な手。そんな手の動きや指の使い方には、無意識のうちに人の性格や感情が表れている。信頼関係を築きたいときや相手の自信を確かめたいときに手を見よう。

キーワード

・親指の位置
・建前を見分ける
・手の動き

◇手を組みどちらの親指が上かで性格を診断

手の組み方は脳の働きと密接な関係があるといわれており、右手と左手のどちらの手の親指が上にくるかで、その人の性格が読み取れるのである。

まず、右手が上にくるのは合理的で現実的なタイプ。物事をじっくり進めながら堅実にこなしていく。また、粘り強い性格なので、長期のプロジェクトなどで活躍する場が多い。

逆に左手が上にくるのは直感力に秀でたアイデアマン。人が驚くようなことを考えるのが好きなタイプだが、協調性にも優れていてリーダーシップを発揮することもある。

◇手の動きで〝建前〟を見分けられる

話をしている最中に首筋を触ったり、頭の後ろに手を回したりするのは、恥ずかしさを表す心理的行動である。

たとえば、何か失敗をしたときに、思わず頭の後ろをポンと叩いて「まいったなぁ」と言う。これはまさに自分のことを恥じているからこその行動といえる。

つまり、首筋を触ったり頭の後ろに手をまわしている人は、恥じらいがあってあまり本音をしゃべらないタイプで、建

相手の手の動きをCHECK! ①

手は日常使うことがとても多い体の一部。ふとしたときに無意識の感情が表れやすい

触れる場所

- **髪や頭に触れる**…何か話したいことがあるが様子をうかがっている。女性なら、相手に甘えたい気持ちがあると、自然と自分の髪に触れてしまう
- **鼻を触る**…手でなでるようにして鼻に触れるのは、隠し事やウソがあるとき。鼻の下に手を触れるのは拒絶の意思を示している
- **首を触る**…ネクタイの結び目やシャツの第一ボタンのあたりなど、首のまわりに触れている人は緊張をほぐそうと無意識に首に手が伸びる
- **口をおおう、触る**…自分に自信がない場合のほか、相手に言いたいことがあるがうっかり口にしないように注意している
- **アゴを触る**…自分に自信を持っていて、ナルシスト気質。迷っている人もよくやる動作
- **耳を触る**…相手の話に興味を持っていて、もっと話を聞きたいと思っている。女性の場合、髪を耳にかける動作も同じ

前を口にすることが多い。また、こめかみをかくしぐさをする人もどこか迷いがあるので、あまり本音は言わない。

◇尖塔のポーズで相手の自信度がわかる

指を開いた状態で右手と左手の指先をすべてくっつけ、指先から下は左右に開いてみよう。手で塔のような形ができたと思うが、これを「尖塔のポーズ」と言い、無意識にこのポーズを取っている人は自信家である。

なかなか意識しないと作れないポーズであるが、ビジネスパーソンがいかに自分のプレゼンが優れているかと自信満々に語るときはこのポーズを取ることが多いという。フィギュアスケートの羽生結弦選手もインタビュー時度々、このポーズを見せている。

◇両手を前に出し手のひらを上にするポーズ

両手を軽く前方に突き出し、手のひらを上に広げたポーズを〝祈りを込めた姿勢〟という。林修先生の「今でしょ!」に似たポーズといえばわかりやすいかもしれない。

この姿勢には、「自分は安全だから信用してくれ」という懇願の意味がある。ただ、事実を訴えるときには、人は手のひらを下に向けるものなので、信用はできない。

手が頭のどこに触れているかチェックしてみよう

手の動きで感情を読む②

話をしながら、髪や顔のパーツなど体のどこかに手を触れる癖のある人は多い。体のどこに触れながら話をしているかによって、その人の性格やウソをついているかどうかもわかる。

キーワード
- 手の位置
- ピノキオ効果

◇口元に手をやる人は甘えん坊な性格？

考え事をしていたり、会話が弾まず気まずい雰囲気が流れたとき、なんとなく手が口元にいってしまう人がいる。こういったタイプは、甘えん坊で幼稚な性格をした人が多い。

口元が寂しくなって触れてしまうのは、幼児が母親のおっぱいを求めるのと同じ心理で、安心感を得たいのである。かつて指しゃぶりをしていた人にこの傾向は強く見られる。

また、口を無意識に触ってしまう人は

物事への依存度も非常に高いので、キャバクラやホスト、ギャンブルなど依存性のあるものにハマりやすい。口元を触る癖のある人は、どうぞご注意あれ。

◇顔を触りながら話す人は信用するな！

人と話をしているときに、鼻をこすってみたり、眉間に手を置いてみたり、頬杖をついてみたりと、落ち着きなく顔を触る人がいる。蚊に刺されて顔がかゆいならともかく、頻繁にこの行動を取る相手には注意が必要だ。

彼らは顔がムズムズするから触ってしまうのではなく、顔を触ることで表情を隠そうとしているのである。つまり、顔

相手の手の動きをCHECK！②

指の動き

- **爪を噛む**…かなり強い欲求不満の表れ。思いどおりにいかずイライラしているか、誰かに守ってほしいと思っている
- **ケータイを手放さない**…誰かと一緒にいるときなら飽き飽きしていて早く帰りたい意思表示。ひとりでいるときなら、誰かとつながっていたい寂しさの表れ
- **テーブルをトントンする**…結論を求めて相手を急かす気持ちが指先に表れ、小刻みなリズムで机に当たってしまう。相手の不快感に気が回らない状態
- **手のひらを触る・つねる**…悩みを抱えている人がよくやる動作。特に女性に多く、不安、寂しさ、葛藤の感情が表れている
- **指のニオイを嗅ぐ**…不安なときや何も考えていないとき、無意識のうちに自分のニオイを嗅ぐことで、安心感を得ようとしている
- **指を鳴らす**…無意識のうちにおこなう、癖のようなもの。習慣化しているので、その行動で安心できる。退屈しているときにおこなうことが多い

を頻繁に触る人はウソつきが多い。自分の表情でウソがバレないようにと、必死に顔を隠そうとしているのだ。

特に鼻をよく触る人は、ウソつきが多いとされる。人はウソをつくと鼻の周辺の温度が上昇するといわれており、これを「ピノキオ効果」というのだが、とにかく鼻が気になって仕方なくなるのである。よく鼻に手をやる人には騙されないように注意しよう。

◇さりげない手の動きが表す心の意思表示

これまでもいくつか紹介してきたが、人の手というのは非常に雄弁にその心を表現しようとするのである。相手の手の動きをじっくりと観察してみよう。

たとえば、手のひらを開いていたり、広げた手を机の上に置いている場合は、相手に心を開いているサインだ。「手の内を見せる」という言葉のとおり、「私に敵意はありません」という気持ちを表しているのである。

机の上の書類や小物の位置を頻繁に手で動かすしぐさは、相手に自分のテリトリーへ踏み込まれたくないという意思表示である。自分と相手との間にある障害物をどけるのと逆でブロックを作り、自分を守ろうとしている。

また、手でしきりにアゴを触る人は、何かに迷っている可能性がある。このように、手は本当に多くのメッセージを発信しているのである。

会話中に手が触れている場所で
人となりをみきわめる。
アゴを触るのはウソつき

やましいとやりがちな動作

自分に自信が持てない、やましいことがある……そんなとき、無意識のうちに動作がぎこちなくなってしまうもの。はたから見ていて気になる他人の動作を解説しよう。

キーワード

・オーバーリアクション
・股間に手を置く
・大きく胸を張る

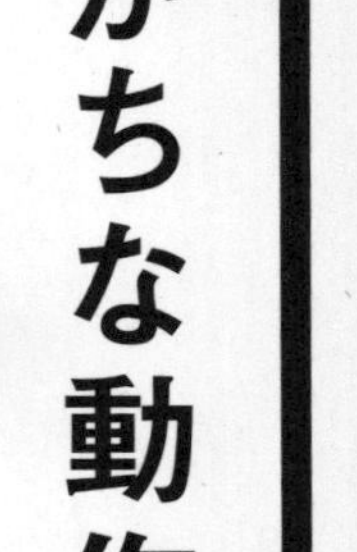

◇オーバーリアクションは ごまかしの心理

話をしていてやたらオーバーリアクションをする人がいたら、その話が真実であるか疑ったほうがいいかもしれない。普通、人が本心を伝えようとするときは、相手の目を見て真剣に話す。つまり、それだけ動きは少なくなるのだ。

身ぶり手ぶりを使ってオーバーリアクションで話す人というのは、自分の話に信ぴょう性があるか不安で、ついリアクションを多めに足してごまかそうとしているのである。

多かれ少なかれフィクションが交ざっているからこそ、動きが大きくなるわけだ。もし、首を大きく左右にふって「私じゃないよ」と弁明したり、手を激しくふって「それは違う」などと否定する人がいたら、逆のことを言っていると怪しんだほうがいい。

◇股間に手を置く男性は何かを隠したい？

たとえば集会などで長い時間起立しているとき、両手を組んで股間を隠すように立っている男性がいたら、それは不安や緊張、警戒心を表している。

立ち方には色んな種類があって、手を横にして気をつけの姿勢を取る人もいれ

不自然なリアクションの心理

受け答えや挙動がいつもと違うのは、隠し事や心配事があるから？

- **変顔でリアクションする**…自分の本心を知られるのが恥ずかしいと思っているシャイな人が取りがちな行動
- **発言後に笑う**…自分で自分のことを面白いと思って笑ってしまうこともあるが、たいていは照れ隠しのための行動
- **大げさなリアクション**…普通の話にもいちいちリアクションが大きい場合、本音を知られたくないと思っている。ウソをついていることも
- **手がよく動く**…せわしなく手が動くのは、気持ちが落ち着いていない証拠。鼻や口、眉に頻繁に触れているようならウソをついている可能性が高い

ば、後ろ手に組んで立つ人もいる。その中であえて股間を隠すのは、自分の一番弱い場所である急所を守って、安心したいという心理が働いているのだ。

ずらりと人が立っている場で色々な立ち姿勢を見るのは面白い。その集団の中で弱い立場にある人は手を前にして組んでいることが多く、また強い立場にある人は後ろ手に組んでいることが多いのである。立ったときの手の置き所で、その集団におけるパワーバランスを知ることができるのだ。

◇必要以上に胸を張るのは弱い心の裏返し

しっかりと胸を張って背筋をピンと伸ばして立っている姿は美しく、好感が持てるものだが、中にはお腹が前に出るほど背が反り返っている人がいる。

このように必要以上に胸を張る姿勢は、虚勢を張って自分の強さを誇示しようとしているのだ。よく、スポーツ選手のインタビューなどで、「胸を張って日本に帰りたい」というコメントを聞くが、このコメントを残す選手は試合に敗れている。

つまり、試合に負けて自信を喪失しているが、それでも頑張ったことを示そうと胸を張ろうとするのだ。

このように、胸を張るというのはむしろ自分に自信がないことの表れで、それでも自分を強く大きく見せるために反り返るほど胸を張るのである。

安心したいから
手は股間の前に

癖でわかるストレス

電話では相手の顔が見えないので、手持ち無沙汰なときにはつい手近なものをいじりがち。対面で会話をしていても、何かいじりながらの人は少なくない。癖を見ることでその人のストレスがわかる。

キーワード

・ストレス
・髪を触る・抜く
・耳たぶを引っ張る

◇電話中メモ帳に落書きする人の深層心理

電話をしていて話が込み入ってくると、メモ帳にまったく関係ないイラストや文字を落書きする人がいる。話が長くて単に手持ち無沙汰になっていると思われがちだが、実はこの行動には心理学的な意味合いがある。

メモ帳に話の内容とは無関係な落書きをするのは、自分自身をコントロールしようという制御の意味がある。話が長引いて複雑なものになったときに、そのストレスを落書きで解消して、冷静になろうとしているのだ。実際に手で何かを書くという行為には、集中力をアップさせる効果があるといわれている。

また、落書きには本音を隠したいという心理もある。たとえば相手からクレームを受けていて、この場から逃げ出したいという気持ちがあるときに、その思いをメモ帳に託しているのだ。これは一種の逃避行動で、こんなとき人はウソをつくことが多いのである。

◇髪を触ったり抜いたりする人のストレス

会話をしながら髪を触る人は多い。女性ではくるくると髪を指に巻いて解いてをくり返す人がいたり、男性でもしきり

変な癖の心理

人には色々な癖があるもの。
そこから性格や精神状態を読み取ることができる

- **指をしゃぶる**…心理学では欲求不満の人の癖とされている。人間関係や仕事や勉強など、何かに悩んでいる状態
- **髪を抜く**…会話中など、何気ないときに自分の髪に触れるのはよくある癖だが、髪を抜くのはストレスのたまっている状態
- **爪を噛む**…精神的に安定していない状態。誰かに甘えたい心理の表れ
- **耳たぶを引っ張りながら話す**…相手の話をしっかり聞くという意思の表れ。興味があるというよりは騙されないように警戒している

に前髪をかき分ける人がいる。また、中にはブチブチと髪の毛を引き抜いてしまう人も。彼らがストレスを抱えているのは間違いないが、実は髪に触れることと抜くことは違った意味合いがある。

まず、髪をしきりに触る人は依存心が強く誰かに甘えたいと思っている傾向にある。自分で髪をなでながら、本当は誰かに頭をやさしくなでてもらいたいのだ。つまり、髪に触れるという行為には不安な気持ちをまぎらわそうとする心理が働いているのである。

一方、髪を引き抜くという一見恐ろしい行動を取るのは、自分自身へのいらだちから自傷行為としておこなっているのである。自分のダメな部分が気になってしまい、自分を否定したくなると髪を引き抜いてしまうのだ。

◇耳たぶを引っ張るのは不信感があるから

会話の最中に相手が何気なく耳たぶを引っ張り始めたら、あなたのことを疑っているサインかもしれない。

耳を引っ張るのは、「話を聞き逃さないように耳を大きくして聞きたい」という気持ちのときに無意識にやってしまう行動で、つまりは騙されないようにと警戒しているのである。

相手が耳たぶを引っ張り始めたら、強引に話を進めるのではなく、相手が話を受け入れられるようにゆっくりと説明したほうがいいかもしれない。

話を聞き逃したくないから
耳を引っ張る

アゴとプライドの関係

食べ物を噛むときくらいしか意識することのないアゴだが、よく観察していると相手の感情を読み取ることができるだろう。あいづちや会話の間など、ちょっとした動作にも注意してみよう。

キーワード

・プライド
・「やっぱり」の連発

◇アゴを前に突き出す人はプライドが高い

しゃくれているわけでもないのに、ツンと前にアゴを突き出している人がいる。アゴを前に出すというのは、どちらかといえば恥ずかしい姿であるはずなのに、わざわざそんなふうに強調して見せるのは、「自分をもっと偉く見せたい」とする自己顕示欲からなのだ。

ちょっとアゴを前に突き出してみてほしいのだが、アゴを前に出そうとすると視界が少し高くなり、正面を見るためには視線を落とさなければならなくなる。

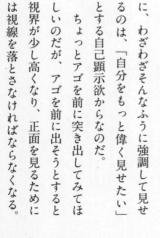

もし、誰かが目の前にいたとしたら、自然と見下すような格好になるのである。

すなわち、アゴを上げるという行為は相手への見下しの気持ちであり、自分はもっと上の人間であるというアピールなのだ。こういうことをするタイプの人は、野心家で傲慢な一面もあるので、ふり回されないように注意だ。

◇うつむいてアゴを触るのは危険の前触れ

誰もが言いたいことを言い合えるわけではない。ときには言いたいことがあっても相手のためを思ってグッとガマンすることがある。そんなときに、人はうつむいてアゴを触るという「考える人」み

アゴでわかる心理

心理学では、人の顔の口まわりは「欲求」、アゴは「プライド」を表している

- **アゴを突き出す**…アゴを突き出すときには、自然と顔が上向きになり、相手への視線も見下すようになる。相手よりも自分のほうが上の立場のときのしぐさ。立場が変わらない相手にこのしぐさをする人は、プライドの高いナルシスト
- **アゴをなでる**…アゴに手を触れている動作は、考え事をしているときによくやる動作。相手がうつむいていたら、言おうかやめておこうか悩んでいる場合も
- **肩にアゴを載せる**…飼っているペットが膝に頭を載せてくるのは、飼い主への信頼の証。同じように、親しい人の肩にアゴ（頭）を載せる動作は相手を信頼しており、かなり親密な状態

たいなしぐさをするのだ。

しかし、もし本当に言いたくないことがあるのなら、人は口元を触るようにして隠すしぐさをする。

アゴを触るという行為は、言えないけど、本当は言いたいという意思が含まれているのである。

もし、あなたが奥さんと話をしていて、奥さんがうつむき加減でアゴをなで始めたら、あなたにとって良くないことを言おうとして、ためらっているのかもしれない。そんなときに「黙ってないで何か言ってみろ」なんて刺激しようものなら、あなたに不利な情報が出てくるかもしれないから要注意だ。

うつむいてアゴを触ったら危険の前触れと理解しよう。

◇「やっぱり」を連発する人を信用するな

こちらが話をしていると「やっぱり」とあいづちを打ってくる人がいる。「自分もそうだと思っていた」という意思表示なのだが、これを連発する人はあまり考えていないことが多かったりする。

相手の機嫌を取るために、「やっぱり」と何度もあいづちを打っているうちに、いつの間にか「やっぱり」と言うのが癖になっている可能性がある。こういうタイプは、何も考えていないどころか話すら聞いていないこともしばしば。しっかりと相手の意見を求めるようにして、本当に自分に同意しているのか確認したほうがいい。

**アゴを突き出して話す人は
周囲の人を見下してふり回す
傲慢な一面を持っている**

column

本当にあった怖い心理学実験 ③

ワトソンの実験

アルバート坊やの行動を制限する

行動主義心理学の創始者であるワトソンは、生後 11 カ月のアルバートに実験を行った。実験は恐怖と行動の関係を明らかにすることを目的としていて、アルバートが白ネズミに触れようとすると、棒をハンマーで叩くなどして大きな音を立ててアルバートを怖がらせた。

何度もくり返すうち、アルバートは白ネズミと怖い音の相関性を理解し、触ろうとはしなくなった。さらに、白ネズミでなくてもふわふわしたものなら何でも怖がるようになり、近づかなくなった。このことからワトソンは、大人の抱く不安や恐怖は幼少期の経験に由来すると結論づけている。

第4章

表情・顔

笑う人・笑わない人の心理

一言で「笑顔」といっても、表情やシチュエーション次第でその意味は変わる。ほとんど笑わない人、豪快に笑う人、なんだかウソくさい笑いの人……それぞれの心理を見てみよう。

キーワード

・ポーカーフェイス
・笑い方

◇ポーカーフェイスは頼りがいがある？

人はうれしければ笑顔になり、気に入らないことがあれば眉をひそめる。このように気持ちというものは自然と表情に表れるものだが、中にはほとんど表情を変えない人もいる。いわゆるポーカーフェイスと呼ばれる人たちだ。

彼らは感情を上手にコントロールしているように見えるので、大事な場面で頼れる存在と思われるかもしれないが、実はまったく逆なのだ。ポーカーフェイスが表情を変えないのはむしろ感情がコントロールできていないからで、感情を表に出すことをためらうような引っ込み思案が多い。

◇大口を開けて笑う人は気が小さい傾向に

ガハハと大口を開けて笑う人を見ると、明るく元気で、細かいことは気にしない大胆なタイプのように思える。が、これもまったくの正反対のケースが多い。

豪快な笑い方をする人を心理的に分析すると、むしろ気が弱く、コンプレックスを抱えている可能性がある。笑いとは自然に込み上げてくるものだが、それを大げさに表現するのは意識的に自分の弱

相手の表情をCHECK!

表情豊かな人は魅力的に見えるもの。しかし、笑顔だからといって楽しんでいるとは限らない

無表情

常に無表情な人は、自分の感情をコントロールできない。人から悪印象を持たれることをあまり気にかけない

表情豊か

自分の感情を表情にできる、素直な性格。うれしい・楽しいの感情表現は人をいい気持ちにさせるので、人からも好かれる

笑うときに目と口が同時

愛想笑い。本当は面白いと思っていない。初めに口元が笑顔になり、少し間を置いて目元も笑顔になれば心から笑っている

大口を開けて笑う

豪快なイメージのある、大口を開けて笑う人。本来の臆病な性格を隠すために、わざと大口を開けて笑う人もいる

さやコンプレックスを隠そうとしているからなのだ。

◇口を閉じたまま笑う人はクセモノかも!?

笑顔のことを「白い歯がこぼれる」と表現することもあるように、人が笑顔になるときは歯を見せて笑うことが多い。しかし、中には歯を見せず口を閉じたままニコッと笑う人もいるだろう。実はこれがクセモノなのだ。

口を閉じて笑うときは心から笑っているのではなく、内心を悟られたくないから愛想笑いをしているのである。つまり、この笑い方をするタイプは、表面上は愛想よく微笑んでいても内心は相手を軽蔑していたり、興味がないことも多い。

◇目と口が同時に動く笑い方はフェイク

笑顔の素敵な人というのはそれだけで心惹かれてしまう。しかし、それが心からの笑顔ではなく、ただの作り笑いだったとしたらどう思うだろう？　本当の笑顔と作り笑いとを見分けるには、笑った瞬間の目と口の動きに注目。

自然に笑みが込み上げるとき、人はまず口角が上がり白い歯がこぼれ、そのあと目元がゆるんでくるのが一般的な反応である。ということは、笑った瞬間に目と口が同時に変化を始めたら、それはフェイク、作り笑いであると考えていい。

大口を開けて笑う人は
意外と繊細な心の持ち主

目を見ればわかる相手の感情

笑顔や怒り顔、泣き顔など、表情を作るにはたくさんのパーツを動かす必要がある。眉の動きや見つめる瞳など、相手の目を見ると感情や思惑を読み取ることができる。

キーワード

・眉をひそめる
・上目遣い
・目を細める

◇眉をひそめるタイプは自己中心的な性格

会話中に相手が眉をひそめたら、「まずいことでも言ったかな……」と心配になってしまうが、あまり心配する必要はない。この手のすぐに眉をひそめてしまうタイプは、人の気持ちをくみ取ることのできない自己中心的な性格で、本当に嫌なことがあったから眉をひそめているわけではないのだ。

相手への配慮に欠けるため、ちょっとした心の変化でもすぐに表情に出てしまうのである。いちいちまともに相手をしていても疲れるだけなので、サラッと流してしまって構わないだろう。

◇上目遣いをしてくる女子にはご用心！

男性が女性にキュンとするポーズの代表格として上目遣いがある。確かに、見上げるように甘えてくる姿は愛らしいが、よくよく目つきを確認してもらいたい。もし、その目に柔らかさがない場合は、相手を攻撃したりアラを探そうとしている可能性があるので注意が必要だ。目に柔らかさがない上目遣いはガンをつけるのと変わらないのである。上目遣いをしているからかわいいとすぐに判断してしまわずに、その目が何を訴えてい

目と眉をCHECK!

「目は口ほどにものを言う」のとおり、多くの感情を読み取れる

眉をひそめる

相手を見下していて、攻撃的な視線を送る。自分が優れていると思っているナルシストな面がある

目を細める

不愉快な思いをしているときに目を細める動作をする。同時に眉もひそめていることが多い

上目遣い

服従の意味を持つ視線。女性から男性にこの視線を向けるときには、好意を持っていることが多い

目をじっと見る

じっと見つめて、相手が先に視線を逸らすことで優位に立ちたいという勝気なタイプ。主導権を握りたいと思っている

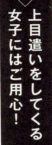

るかを見極める必要がある。

◇相手をじっと見つめる人は何を考える？

会話中に、じっと目をのぞき込むように見つめてくる人がいないだろうか。もし、相手が異性なら「自分のことが好きなのかも」などと考えてしまうが、この手のタイプにも注意が必要である。

人が連続して視線を合わせていられるのは1～2秒が限界といわれており、その度にまばたきしたり目を動かしたりして視線を逸らそうとするのが普通だ。つまり、じっと相手を見つめる行為は不自然なものであり、相手を自分の都合のいいようにコントロールしようと考えてい

る可能性がある。

◇目を細めて見るのは不快感がある証拠

光がまぶしかったり、目が悪くてピント調整のために目を細めることがある。それ以外で目を細める人は嫌悪感や不快感を感じているかもしれない。

基本的に目を細めるという行為には、見たくないものや聞きたくないことをシャットアウトしたいという心理が働いている。まぶしくて目を細めるのも光をシャットアウトするためだ。つまり、相手が目を細めたら好ましくない状況にあるという証拠。何が相手を不快にしているか探してみよう。

じっと見つめて
相手をコントロール

相手の思惑を視線から読む

目は、驚くほど表情豊かだ。目の細さや目配せ・見つめる長さで様々な感情を無言のうちに伝えることができる。一見すると無意味な目の動きにも、相手の感情や思惑が表れている！

キーワード

・横目
・視線を合わせない
・視線を外す

◇横目でチラリと見るのは敵意の表れ

もし、仕事の打ち合わせや商談中に相手がチラリと横目でこちらを見てきたら、自分に何か不備がなかったか確認することをオススメする。なぜなら、横目で相手を見るという行為は、不信感や嫌悪感などの悪意を持っていることが多いからだ。

特に下から見上げるような形でチラ見してきたら、あなたに不信感を抱くどころかまったく信用せずに軽蔑している可能性が高い。きっと、その仕事はうまくいかないだろう。

そんなときは、すぐに軌道修正するのは難しいので、できれば一旦話を切り上げて保留にし、相手が何を気に入らなかったのか、もう一度じっくりと考えてみたほうがいい。

◇視線を合わせない人の持つ本心とは？

向き合った状態で話をしているときに、相手と視線が合わなかったら、何を考えているかわからず不安になる。じっと目を見つめてくる相手は、良くも悪くも自分に興味があることはわかるが、視線をまったく合わせてこない人は何を考えているのだろうか。

視線の持つ意味

じっと目を見てくる人、絶対に目を合わせてくれない人。そんな視線からも感情を読み取れる

- **視線が合わない**…相手に興味を持っていないか、敵意があるのを悟られないようにしている
- **視線を合わせたり逸したりする**…目を合わせながらも適度に逸らしている場合、相手に賛同しているか好意を抱いている
- **視線を逸らさない**…相手の反応を気にしている。相手を納得させたい、説得したいときにもじっと目を見る
- **横目でチラッと見る**…横目での視線には、好意よりも嫌悪感や不信感が込められている
- **すぐ視線を外す**…視線を合わせないのとほぼ同じ。相手のことが嫌いか、反対意見を持っている
- **目を伏せる**…相手に敗北感を抱いているため目を見ることができないか、考え中

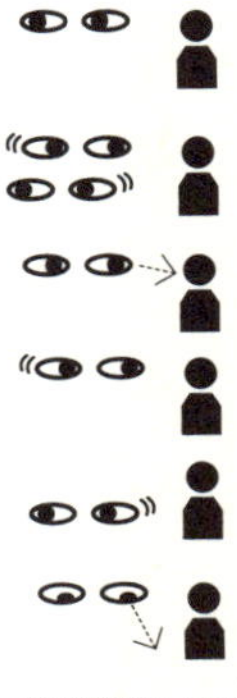

視線を合わせない人にはシャイなイメージがあるかもしれないが、それだけではない。目を合わせようとしても逸らすのは、あなたが発信するメッセージを受け取りたくないという気持ちの表れでもあるのだ。つまり、相手はあなたにマイナスの印象を持っている。

このとき、逸らした視線が左右に動くのは無関心を表しており、下を向けば脅えている可能性が高い。しっかり相手の気持ちをくみ取り、話題を変えるなりやさしく接するなりしてあげよう。

◇視線を先に外してくるのは強い人だった

相手と目が合って1~2秒が経つとなんとなく気まずくなってきて、思わず目を逸らしたくなるが、自分が先に目を逸らしてしまうと相手に対してやましい気持ちがあると思われそうで、むしろ目が離せなくなってしまうことがある。

相手より先に目を逸らすとなぜか気まずいような負けたような気持ちになるが、実は先に視線を外せる人のほうが強い気持ちを持っているのである。

それは、相手に気を遣いすぎる気弱な人ほど、目を逸らしたいのに逸らせなくなって気まずい思いをしてしまう傾向にあるからだ。

マイペースで自由に視線を外せる人は、図太い性格で強い心を持っている。視線をどちらが先に外すかなんて勝ち負けにはこだわっていないのだ。

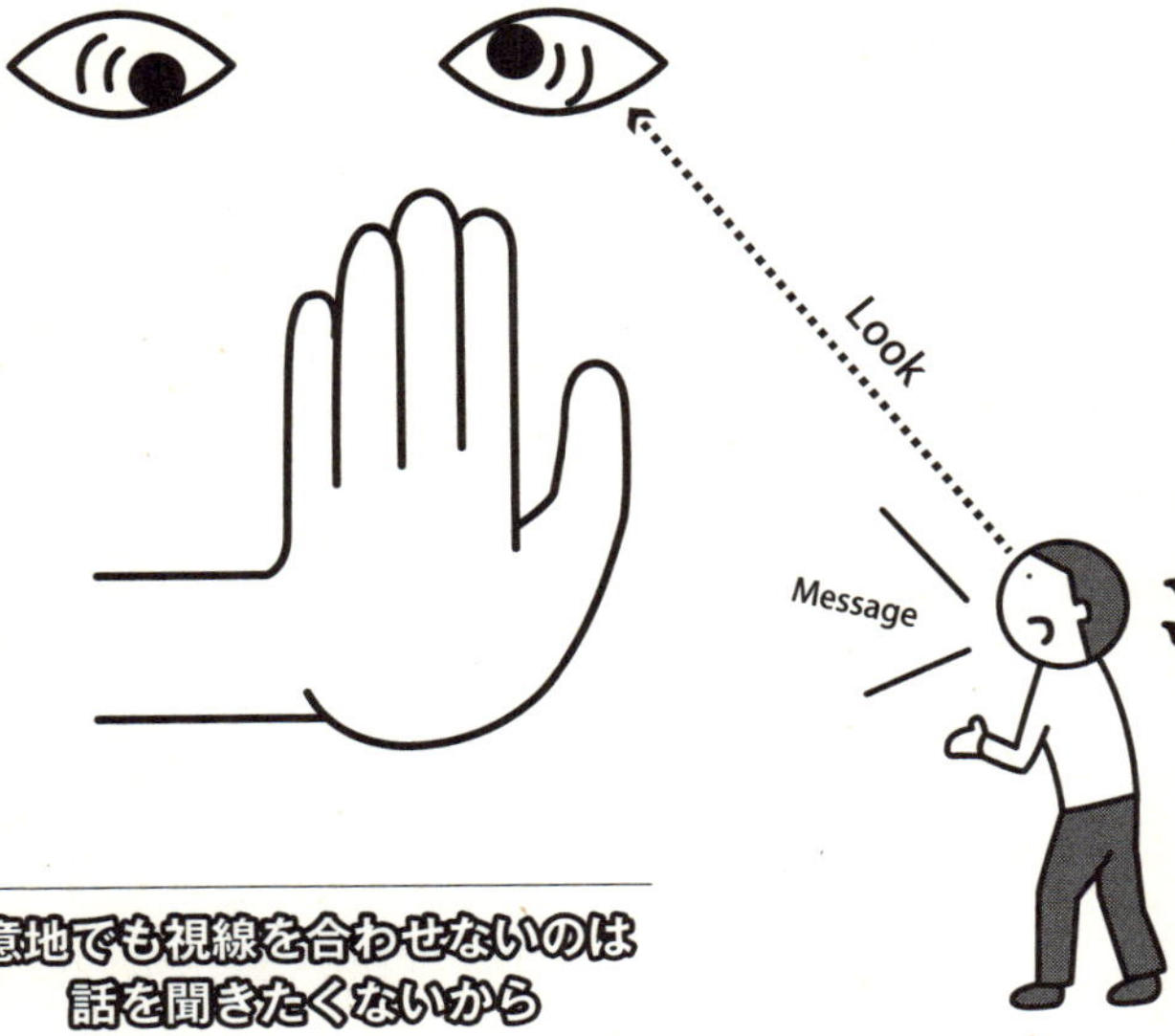

意地でも視線を合わせないのは
話を聞きたくないから

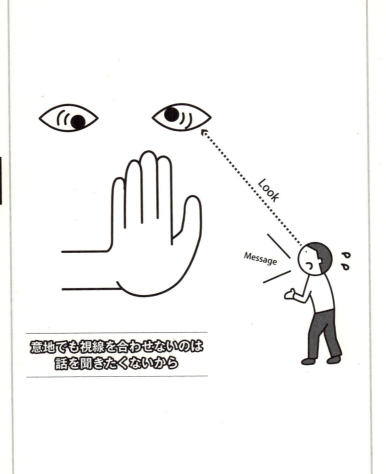

目を見ればウソがわかる！

ウソをついているかどうかは「目を見ればわかる」とよくいうが、目のどこを見ればいいのだろうか？　目を見てウソを見破ることも、相手に好かれることもできる。目の不思議を見てみよう。

キーワード

・ウソつきの視線
・視線と感情

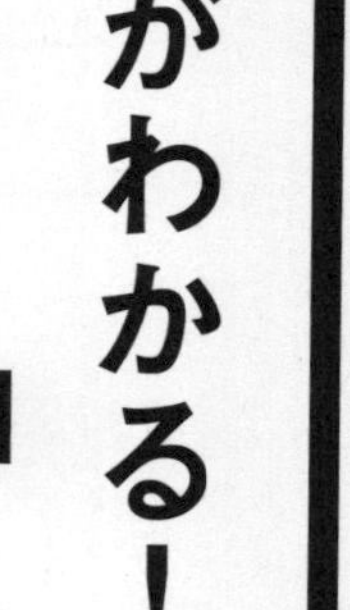

◇右上を見ている人はウソをついている

よく「目が泳いでいる人はウソをついている」というが、これは間違いである。人は頭で考えながら会話をしていると、たとえそれがウソであれ本当であれ、視線が自然と移動してしまうのである。

では、目の動きで相手のウソを見抜けないかというと、そういうわけでもない。相手がどこを見たかでウソを見抜くことができる。結論から言ってしまえば、相手が会話中に右上を見ていたらウソをついている可能性が高いと考えていい。

人間の脳には論理的で過去の記憶を司る左脳と、芸術的で新たなものを創出する右脳とがある。そして、脳の神経は左右に交差しているために左脳で考えたことは右半身に、右脳で考えたことは左半身に反応が出やすいのだ。

目が左上を見るというのは右脳が働いている証拠であり、過去の記憶から事実に基づく情報を引き出していることになる。そして、右上を見るというのは左脳が働いていることになり、記憶にない新たな話を創出しているのだ。

ウソをつくということは記憶にない作り話をしているわけなので、当然ながら左脳の働きが活発になり目は自然と右上を向いてしまうのである。

ウソは視線から見破れる

脳の役割は左右で違っている。会話中の視線の向きは、相手のウソを見抜くカギになる

ウソをついているとき

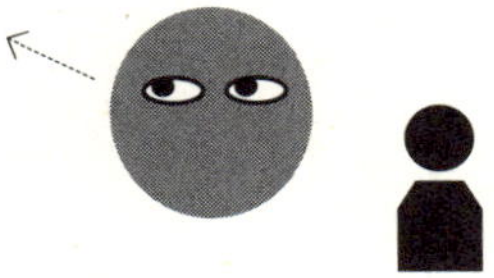

視線が右上を向くときには、まだ経験していないことを想像しているから、ウソをつくときの視線は右上を向いている

本当のことを話すとき

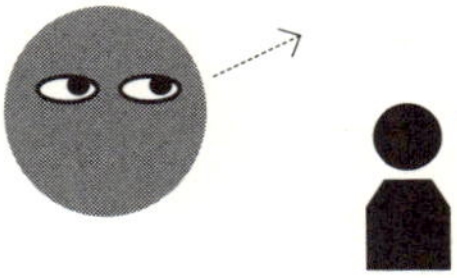

過去にあったことを思い出すとき、視線は左上を向く。実際に経験したことを話そうとしているので、ウソはついていない

◇相手に好感を持たれるのはどんな視線？

視線をまったく合わせない人は敵意があり、じっと目を見つめてくる人は相手をコントロールしようとしている可能性があるとこれまでに説明した。では、どのような視線が相手から好感を持たれるのかというと、じっと見つめたほうが人から好感を持たれやすい。

しっかりと目を見つめてハキハキとしゃべる人は、外向的な印象と相手への好奇心を示すことができるので、誰からも受け入れられやすいのだ。

ちなみに、他人への好奇心を示すことを「親和欲求」というが、親和欲求が高すぎても、相手に依存したり支配的な行動を取ったりすることがあるので注意しなければならない。

また、これは特に異性に対してのことなのだが、目を5秒くらいじっと見つめると、より相手から好意を抱かれやすい。なぜ5秒なのかといえば、人は一目惚れすると無意識に約5秒も相手のことをじっと見つめてしまうことが研究からわかっているからだ。

つまり、こちらがじっと見つめて相手の視線を5秒奪うことができれば、一目惚れの疑似体験をさせることができるというわけだ。

あなたを5秒以上見つめてしまった相手は、あなたのことが好きだから見つめ合ってしまったと錯覚して、気になって仕方なくなるのである。

この話ウソ？ ホント？　目を見ればわかる

右上への視線は
ウソをつこうとしている

左上への視線は
記憶をたどっている

唇が表す感情のあれこれ

「唇を噛む」「舌なめずりをする」「口をとがらせる」など、口に関する慣用句は多く、その意味も多様だ。好悪両方の感情を表すパーツだけに、それぞれの動きの意味を覚えておきたい。

キーワード

・唇を噛む
・舌なめずり
・口をすぼめる

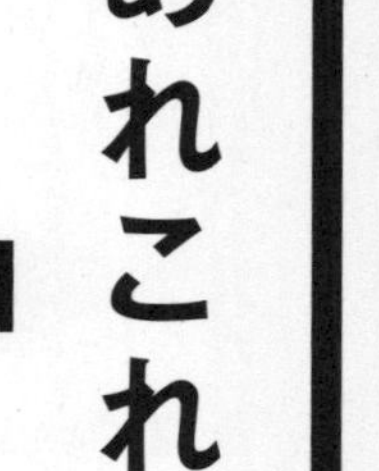

◇唇を噛みしめるのはストレスのサイン

唇を噛みしめるという表現には、歯を食いしばるのと同じような「ツラい状況をガマンする」といったような意味合いがあるが、心理学的にもこのことは実証されている。

唇を噛むという行為はストレスにさらされている証拠であり、上下の唇をすっかり見えなくなるまで深く噛んでいる場合は、より強い不満や怒りがあり、それを押し殺そうとしていると考えられる。

もし、会社の部下や後輩がこのような

しぐさを見せたら、なんらかのフォローを入れたほうがいい。不満や怒りを持って仕事することは、仕上がりのクオリティーの問題にも関わってくるからだ。

◇相手が舌なめずりをしたら興味津々

たとえば、あなたが営業でとある家庭に商品の売り込みに行ったとしよう。相手が商品に興味があるのかないのかを一発で判断する方法がある。相手の唇に注目するといい。もし、相手が商品に興味を持っていたら、無意識に舌なめずりをしてしまうからだ。

おいしい料理を目の前にしたり、ナンパに成功してワンナイトラブに誘い込め

相手の唇をCHECK!

口のまわりに触れるのは欲求不満の表れ。唇の動作でわかる相手の感情とは？

- **唇を固く閉じる**…何かストレスを感じている。言いたいことがあるか、怒っているのをガマンしているサイン
- **手を唇に触れる**…無意識のうちに唇に手を触れるのは、安心感を求めている。緊張しているときによく出る動作
- **唇をなめる**…緊張すると口が乾くため、唇をなめる動作をしてしまう。目を見開いてこちらを見ている場合、話題に興味を持っている
- **唇をすぼめる**…相手が話を聞きながら唇をすぼめている場合、反対意見を述べようと準備している
- **唇を巻き込む**…上下の唇を口の中に巻き込み、相手から唇が見えないようにする動作は、緊張をやわらげるための行動

そうなとき、人は思わず舌なめずりをしてしまう習性がある。

これは、自分にとって得だと判断した際に起こる行動で、すなわち受け入れ態勢にあることを示している。もはや相手はあなたの提示した商品がほしくて仕方ないのだ。相手が舌なめずりをしたら、積極的に攻めるべし！

◇口をすぼめるのは反対意見があるから

舌なめずりが興味津々を表しているのに対して、口をすぼめるのは受け入れがたい気持ちがあるか、もしくは別のアイディアを考えているかのどちらかを表している。あなたが売り込みに行った先の相手が口をすぼめたら、その商品を必要としていないか、値下げの機会をうかがっているかもしれない。

この口をすぼめる表情は、裁判所に行くとよく見ることができる。一方の弁護人が主張をしていると、もう一方の弁護人や被告人は必ずといっていいほど口をすぼめているのだ。また、逆の弁護人が主張を始めると、同じことが反対側の席でも起こるのである。これは相手の弁護人に対して、すぐにでも反論したいのを必死にガマンしているためだ。

このように、交渉中の相手が口をすぼめたら、何か不満があるかほかのアイデアを考えている可能性が高い。すぐにでも作戦を変更して、相手の反論をつぶす方法を考えたほうがいい。

舌なめずり＝大いに興味あり！

瞳孔でわかる好意の有無

視線を外したくなるのはどんなときか。見つめられて気まずい、話題がなくなってきた……。好意や興味の有無は残酷なほどしぐさに表れている。相手の瞳の奥をのぞく意気込みで見つめてみよう。

キーワード

・まばたき
・瞳孔の開き具合
・顔の傾き

◇まばたきする相手につけ込むのは注意！

一般的に人間は1分間に約20回まばたきをするといわれている。つまり、3秒に1回程度のペースでまばたきをしているわけだ。もし、これよりも頻繁にまばたきをしていたら、相手の心は緊張状態にあると考えられる。

人は不安や後ろめたいことがあって緊張していると、無意識に目を合わせないように逸らしてしまう傾向がある。何度もまばたきをして目を開けている時間を減らす行動も、実は目を合わせないようにしたいという心の表れからなのだ。

しかし、相手のまばたきが急に増えたからといって、それにつけ込もうとするのは良くない。まばたきは緊張状態の証であり、この緊張があまりにも高まると攻撃的になることもあるからだ。交渉相手のまばたきが増えたらチャンスではなく、ピンチであると気を引き締めよう。

◇「目は口ほどにものを言う」は本当か？

「目は口ほどにものを言う」という言葉があるように、心理学では目から様々な情報を分析しているが、果たしてそれにはどれだけの信ぴょう性があるか疑問に思う人もいるだろう。

ウソ・隠し事の見破り方

ウソは視線から見破れる（p.181）が、色々な動作にも表れている

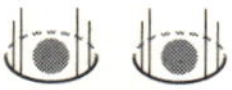

まばたきが多い
目から情報を読み取られないようにとまばたきの回数が増える

タバコを吸い始める
気持ちを落ち着けようとしている。ペースが上がったら要注意

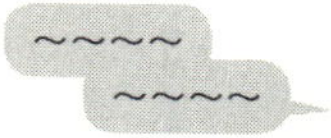

いつもよりよくしゃべる
不都合なことが相手にバレないように、不自然なほど勢い良くしゃべる

手を隠す
手のひらを相手から見えないようにする、ポケットに手を入れるなど

ソワソワしている
その場から立ち去りたい焦りでソワソワと身動きしてしまう

会話を切り上げる
不自然なのが相手にバレないよう、話を切り上げようとする

たとえば心理学では、人は興味のある話を聞くとパッと目を大きく開くと説明している。しかし、本当に目が大きく開いただけで興味を抱いていると判断していいのだろうか。

そんなふうに心配に思う人のために解説すると、興味がある話で目が大きく開くのは、気持ちの高揚によって瞳孔が拡大するという人体のしくみに基づくものなのである。このように心理学では人体の働きも参考にして考えられているため、実証性は高いのである。

◇顔が傾いているのはリラックスの表れ

人はリラックスした状態になると、顔のシワが浅くなり、口のまわりの筋肉がゆるみ、唇がすべて見える状態になる（唇を少しも噛んでいない状態）。そして、さらにリラックス状態になると頭が横に傾くのである。

なぜ、最高のリラックス状態になると人は顔を傾けるのかというと、顔を傾けると首があらわになるのがわかるだろう。首は人間の急所のひとつで、本来はあまりさらしたくない部分なのである。それを見せるのは、非常にリラックスして安心しきっている、あるいは急所をさらしているのも忘れるほどに、興味を持っている証拠なのだ。

女性が恋人の肩に頭をあずける行為も、最高の信頼の表現であり、リラックス状態であることを示しているのである。

興味がある→興奮する→目が輝く

column

本当にあった怖い心理学実験 ④

ラタネの実験

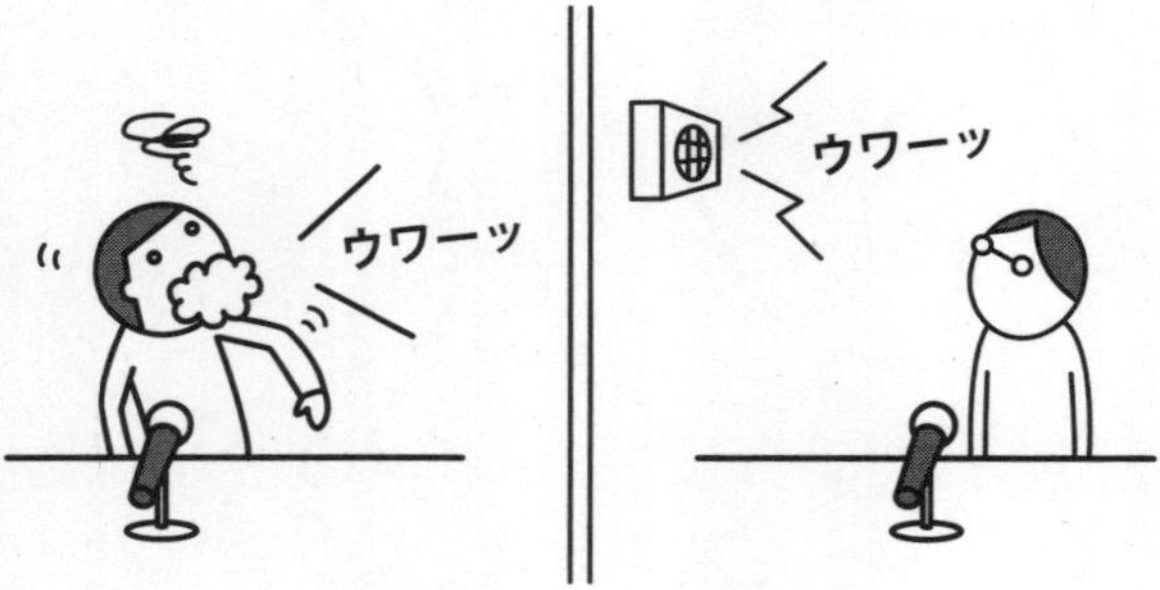

雑踏の中で困っている人を無視する心理

心理学者のラタネとダーリーは、学生をＡ２人、Ｂ３人、Ｃ６人のグループに分けて、ひとりずつを個室に入れてグループ討議をさせた。このとき、ひとりが発作で倒れた演技をしたところ、Ａの２人チームでは全員が倒れた相手を救おうとしたのに対し、Ｃの６人グループでは 38%の人が行動を起こさなかった。

この実験に先立って、38 人の目撃者がいたにもかかわらず誰も通報することなく女性が殺害されてしまった事件で提唱されていた「誰かがやるだろうから自分がやる必要はない」と考える傍観者効果が、この実験で効果が証明されたといえる。

第5章

口癖

計算高い人の前置き

「自分が一番」なのは誰でも同じ。しかし、計算高い人はwin-winの関係よりもひとり勝ちを望む薄情な面も。「前置き」の言葉には、その人の性格が表れている。注意深く聞いてみよう。

キーワード

・計算高い
・神経質

◇「えー」と前置きをする人は計算高い!?

会話の中で頻繁に「えー」と前置きをする人がいる。たとえば、「えー、その件には興味がありますが……えー」といった感じだ。

このように前置きをする人は考えがまとまっていないのかと思いきや、実は「どうやって自分が有利になるように話を進めようか」と計算する策略家が多い。

もし、相手が「えー」と前置きしだしたら、その交渉は長引くと考えていいだろう。なるべく相手が考えている隙に早

め早めのリードをするといい。

◇「さて」と仕切り直すのは神経質な性格

ニュース番組などで話題が切り替わるとき、アナウンサーは「さて」や「さぁ」と言って一区切りつけるが、私生活の中でもやたらと「さて」や「さぁ」という言葉を連発する人がいる。

この手のタイプは、几帳面な性格で融通がきかないことが多い。生まじめで自分の行動を管理したがる傾向にあるので、いちいち「さて」や「さぁ」と区切りをつけて次の行動に弾みをつけようとする。

さらにこのタイプは敬語にうるさかっ

口癖と性格の関係

口癖にはその人の性格が表れるもの。日常的に使う言葉だからこそ、前向きな言葉を意識したい

プラスの口癖

大丈夫
いいね
ありがとう
できる

現状や未来を前向きに捉えられる人は、嫌なことや不安があっても克服することができる。明るい性格に惹かれて明るい人たちがまわりに集まってくる

マイナスの口癖

無理
でも
できない

物事を否定的に考え、悪い出来事があると何かのせいにする人は性格もネガティブになりがち。後ろ向きな口癖で周囲の人も暗い気持ちにさせる

たり、手順を守らない輩に厳しかったりするので注意が必要だ。口癖が「さて」の人には節度を持って接しよう。

◇「わからないと思うけど…」と言う心理

あなたのまわりに「お前にはわからないと思うけど、これはな……」といった感じで話してくる人がいないだろうか。わざわざ相手を不快にさせるような「わからないと思うけど……」と言う人は、案外そのテーマについて自身もあんまりわかっていなかったりする。

自分がその話題について見識が浅いからこそ、先に「お前は突っ込んでくるなよ」と釘をさしているのである。

もし、上司が「お前にはわからないと思うけど」と話してきたら、話半分に適当なあいづちを打っておこう。

◇「っていうか」から話し始める理由

会話が止まった状態から「っていうかさぁ～」と始める人は、自己主張が強いわがままな性格である可能性が高い。「っていうか」は本来「AよりもBである」という意味があるが、主題Aがないのに打ち消してBを主張するのは、何がなくても自分の意見が正しいという強い自己主張をしているのだ。たいしたことは言わないので、軽く聞き流していればいい。

自分の有利になるように
「えー」の前置きで時間稼ぎ

話のつなぎ方でわかる性格①

「会話はキャッチボール」というように、会話をするときには聞き手と話し手が常に変化するもの。話が変わるとき、間ができたときに出てくる言葉で、その人の性格を見てみよう。

キーワード
・話題の変化
・自己中心的な性格
・わがまま

◇「それから」をくり返す人は飽きっぽい

会話の中で、「それからさ」や「あとさ」と言って、次々に話題を変えていく人がいる。このように、話したいことが次から次へと出てくるのは非常に頭の回転が速い人間で間違いないが、とにかく自分が話したい、マイペースな性格でもある。

さらに、ひとつの話題を掘り下げるのでなく、どんどん新しい話題に切り替えたがるのは、せっかちで飽きっぽい一面もあるだろう。あまり執着心がなく、話題になったものにすぐ飛びつく〝流行りもの好き〟でもある。

このタイプの人は、まるで正反対のおとなしい友人や恋人と付き合うことが多い。というのも、とにかく自分が話していたいため、しっかりと話を聞いてくれる相手に心惹かれやすいのだ。

◇「それで?」を連発する自己中心タイプ

こちらが話をしている最中に、「それで?」「それから?」「つまりは?」とやたら話を急かしてくる人がいないだろうか? 順序立てて話をしているのに、せわしなくせっついてくるのである。

この「それで?」と話の先を急ぎたがるタイプの人間は、好奇心おう盛かつ自

同じ言葉を多用する人はせっかちな性格

同じあいづちをくり返し使う人は、人を急かしていることに気づいていない、せっかちだけどマイペース

それから〜	一旦話を区切って更に続けるときに「それから」を多用する人は飽きっぽい性格。ひとつのことに集中できない
それで?	会話中に、あいづちで話の続きを頻繁に促す人は好奇心おう盛だが相手のペースを尊重しない自己中心的な面もある
すごい! すごく〜	自分の意見をハッキリと言えるタイプ。相手のことを認める素直さを持っているが、ハッキリしない人には自分の意見を押しつけてしまいがち
そうそう!	「うんうん!」「わかるわかる!」など、あいづちを何度も打つ人は、1回目は相手に向けて、2回目以降は自分に向けて言っている。早く結論を出したがる

己中心的な性格をしていることが多いのだが、自分が話すときには「みたいな」や「なんか」といった曖昧な表現を多用する傾向にあるので、人からはあまり信用されない。

話を「それで?」と何度も急かす人は、早く結論が知りたくてたまらないので、まずは結論から話してあげるといいだろう。最初に「こういう結論なんだけど、それにはこういう過程があった」という話し方をすれば、やたらにせっつかれることもない。

◇「すごい」と言う人はすごく面倒な性格

「私、すごいショック」や「これ、すごくおいしい」などの強調表現を多用する人は、自信過剰で駄々っ子な性格の人が多い。自分の意見に裏打ちのない自信を持っているため、むやみやたらに人の批判をしたりもする。

他人からすると、どうして根拠のない無責任なことを堂々と言えるのか不思議でしょうがないのだが、「そのやり方じゃ絶対にムリ、あきらめたほうがいい」などと辛辣なことをしたり顔で言ってくるのである。

このタイプはとにかくプライドが高いのだが、意外と人の意見に左右されやすかったりもする。あまりにも煩わしかったら、「おとなしくしてればかわいいのに」と言えば、途端にしおらしくなることもある。

深い話はナシで
とにかく話を聞いてほしい

5
口癖

話のつなぎ方でわかる性格②

人は、自分自身の口癖には指摘されない限りなかなか気がつかないもの。話の変わり目に何気なく使っている口癖には、それぞれの性格が現れる。会話中に注目してみるのも面白い。

キーワード

・依存心が強い
・臨機応変
・優柔不断なイエスマン

◇会話中にはさまれる「えっと」の意味

会話の途中途中に「えっと」とはさむ人がいる。たとえば、「えっと、この資料はね、えっとね、総務部に持って行ってくれる？　えっと、総務の山下さんにね」といったふうである。

このように「えっと」を連発する人は人一倍依存心が強く、ひとりで行動するのが苦手なタイプだ。言うべきことはわかっているはずなのに、わざわざ「えっと」を使って会話を伸ばし、注目を集めようとする子どもっぽい性格でもある。

さらに、子どもっぽい性格であるため不安に陥りやすい側面もあるので、やたらと「えっと」をくり返す人には、「大丈夫だよ」や「ゆっくりでもいいよ」といった感じでやさしく接してあげると好意的に思われることが多い。

◇「やっぱり」を多用するふたつの性格

日常的に使われる「やっぱり」という言葉には、「そうなるだろうと思っていた」の意味が込められている。この「やっぱり」を多用する人は、2種類の性格に分けられる。

ひとつは先読みが鋭く、変化に対しても臨機応変に対応できるタイプだ。様々

ハッキリしない人の特徴

語尾がはっきりしない

「です」「ます」などの語尾が消え入るように「でふ」「まふ」のようにほとんど聞こえない人は、責任を取りたくない人。自信のなさが言葉尻に表れている

表現が曖昧

「思います」「おそらく」など、曖昧な表現を多用する人は失敗しても自分のせいにされないよう、予防線を張っている

えーと

話している最中に「えーと」がやたらと多い人は、自分の苦労を相手にもわかってほしい、依存心の強い人。自分ではできないことのフォローを求める

やっぱり〜

誰かの意見に流されやすく、主体性がない人。すぐに意見が変わるので、周囲をふり回してしまいがち。あとになって不満を言ってくることも

なケースを想定して行動するため、どんな結果になっても想定の範囲内で、「やっぱりそうなったか」と言えるのである。

もうひとつは、意見がコロコロと変わる優柔不断タイプ。自分の意見に自信が持てず、自分とは違う意見を聞くと「やっぱりそっちか」と簡単に乗り換えてしまうのだ。このタイプはイエスマンになりやすい。

かたやデキる人とかたや優柔不断なイエスマン。同じ口癖を持っていながら、こんなにも内面に差があるのだ。

◇「と思います」はだいたい実行されない

たとえば、「社に帰って再度検討したいと思います」のように使われる「〜と思います」は、実行されるケースが少ない。社交辞令として用いられることが多いのだ。

なぜなら、「検討します」のような言い切りでない「〜と思います」は、「絶対にではない」ことを意味しており、「やらない可能性だってある」ということを示唆しているのである。つまりは、逃げ道を作っているのだ。

逃げの姿勢である「〜と思います」を多用する人は、やはり自己保身の強い人が多い。もし、職場にこのタイプの人間がいたら、個人に仕事を任せるのではなくグループで作業させるようにして、なるべく言い訳ができないような環境を作ってあげるといい。

自分の意見がない 優柔不断な人は 「やっぱり」で乗り換える

自信の有無がわかる言葉

「オススメですよ」と店員に言われると買う気をなくしてしまうように、「絶対」と何度も言われるとなんとなく信じられなくなってしまう。自信がありそうな人・なさそうな人の言葉の意味を探る。

キーワード
・自分に言い聞かせる
・劣等コンプレックス
・うつ病の危険

◇「絶対」と断言するのはむしろ自信なし

この世には、100％絶対に間違いないことなんてひとつもない。たとえ日本の電車が世界一時間に正確と言われていても、人身事故が起これば必ず遅延してしまうのだ。

どんな状況であれ、必ず不測の事態というのは起こる可能性を秘めている。それにもかかわらず、「絶対」という言葉を多用する人がいる。このタイプの人間は自信過剰かと思いきや、むしろ自分に自信のない人が多い。

というのも、「絶対に大丈夫」や「絶対に間違いない」という言葉は相手に向けているのではなく、自分に言い聞かせているのである。確証がないことが不安だから、自分を言葉で奮い立たせて乗り切ろうとしているのだ。

このタイプの「絶対」はかなりあてにならないので、何と言われようが再度確認を必ずおこなうようにしよう。

◇〝どうせ人間〟はうつ病の危険性あり

世の中には、「どうせ」ばかり口にするような人がいる。とにかく自分が劣った人間であると決めつけ、いつも誰かが自分の悪口を言っているような気がし

劣等感の強い人の特徴

人と比べて自分は……と劣等感を抱いてしまう人は少なくない。そんな人たちの特徴を見てみよう

自分の理想が高い

実現が難しい「理想の自分像」を持っていて、なかなか叶わないことから「どうせ自分は」と落ち込む。他人を見て「あの人はいいな」とうらやむことも

他人に厳しい

なかなか理想の自分になれないイライラを、自分の部下など立場が下の人にぶつけてしまうことがある。自分ができないことを人のせいにしがち

いいところがないと思っている

完璧な自分ではなくても、人に誇れる部分はあるはず。劣等感を抱いている人は、自分の「いいところ」に目を向けずに欠点ばかり気にする傾向がある

人より優れていると思いたい

自分にはいいところがないと思っている反面、人よりも優れた人物になりたいという欲求がとても強く、人を見下してしまいがち

て、褒められたとしても素直に受け取ることができないのである。

こういった「どうせ人間」は劣等コンプレックスを抱えており、自分のありとあらゆるものを他人と比べ、自分がとても劣った人間であると思い込んで卑屈になってしまっているのだ。

劣等感は誰にでもあるものだが、「どうせ人間」のように常にマイナス思考になってしまうと、自分を否定する思考が癖になってしまい、最悪の場合うつ病になってしまうケースもある。

もし、自分が「どうせ」ばかりを多用していたら、前向きに考える努力をしよう。人はそれぞれ違うことを受け入れ、「どうせ」と自分を否定する言葉を使わないように注意しよう。

◇「意外と」を好んで使う人にはご用心！

「意外と映画面白かったね」「あの人は意外と腹黒いよ」「意外とまじめなんです」など、「意外と」を好んで使うタイプは、トラブルメーカーの可能性がある。

あまり意外でもないのに「意外と」を連発するのは自分の人生に意外性を求める傾向にあるからで、むちゃなことをして人に迷惑をかけることも少なくない。どんな困難な状況でも、「意外となんとかなるかも」とポジティブに立ち向かってしまうので、なおさら始末に負えないのだ。行き当たりばったりのその場しのぎも多かったりするので、信用できる人物とはいいがたい。

「どうせ」自分はダメなんだ
という呪いにかかっている

理屈っぽい・傲慢な人の口癖

物腰や動作・姿勢はもちろんのこと、話し方にも知性は現れる。同じような内容を話していても、「理屈っぽい」「傲慢」と取られる人と、「知的」と評価される人の違いは口癖にも見つけられる。

キーワード

・理屈っぽい人
・論理的な人
・無理矢理な人

◇「つまり」を使う賢い人と理屈っぽい人

会話をしているときにやたら「つまり」という言葉を使いたがる人がいる。「つまり」には、まとまりのなくなった会話の内容を「詰めて」整理整頓するという意味があり、この言葉を使いたがる人には2種類のタイプが存在しているのだ。

ひとつは、話の整理が上手な理論的な人である。話をしている最中に色々な方向にとっ散らかって、「結局は何が言いたいのだろう?」とわからなくなることがあるが、そういう人の話を「つまりはこういうことだね」とわかりやすいように整頓してくれるのである。

　相手の話がまとまっていないと、「だから?」や「で、何が言いたいの?」と突き放してしまう人も多い中、きちんと話をまとめてくれる理論タイプは頭が良くて気がきく、やさしい人という言い方もできるだろう。

　理論タイプがいる一方で、「つまり」を使いたがる人の中には、とにかく理屈っぽいタイプもいる。たいてい、このタイプの人間は「つまり」と言いながら要点を理解しておらず、まったくまとめきれていなかったりする。

　理屈タイプの「つまり」は、他人の話を整理整頓するのではなく、結局は自分の意見を押しつけようとするので、混乱

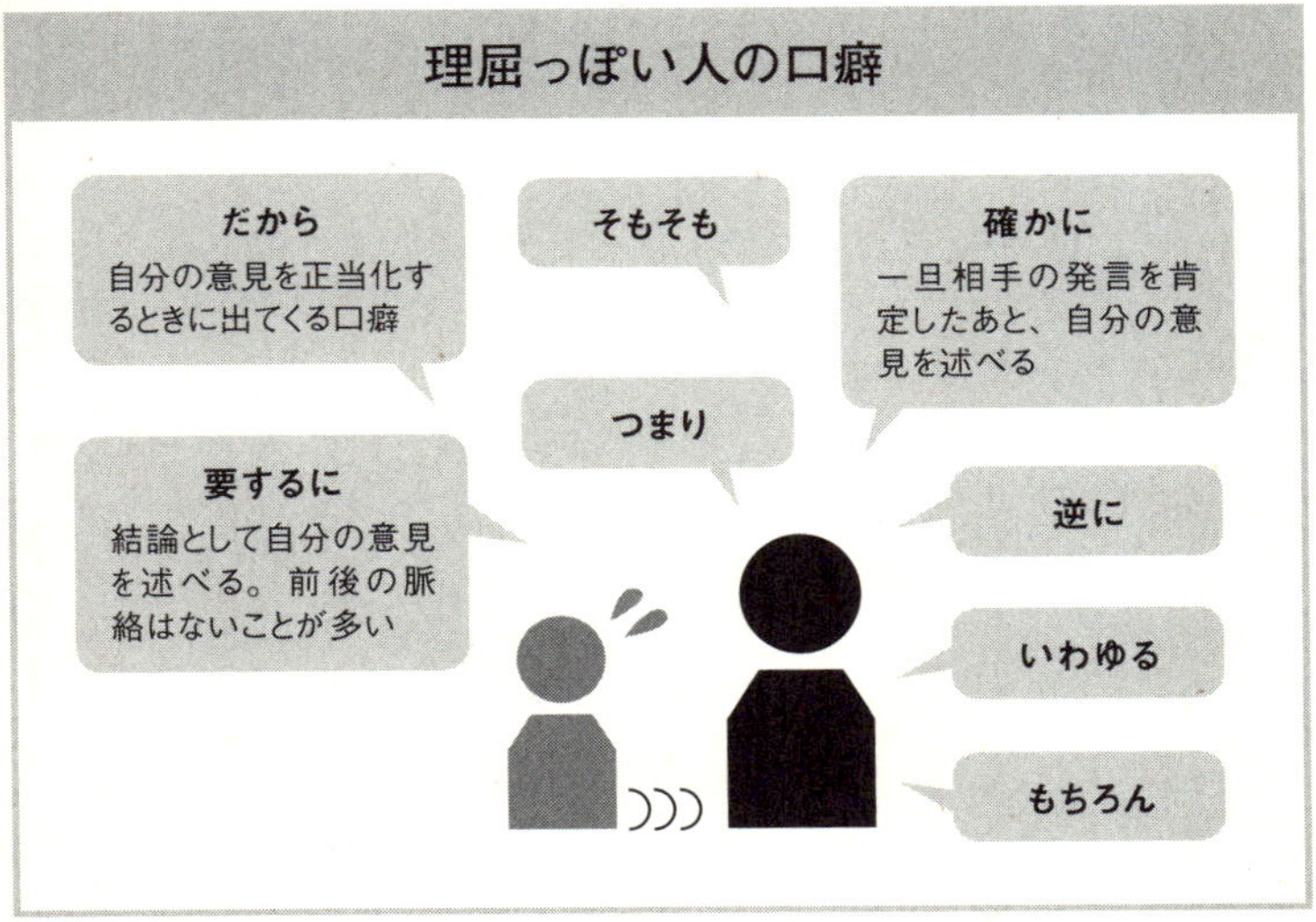
理屈っぽい人の口癖
だから
自分の意見を正当化するときに出てくる口癖
そもそも
確かに
一旦相手の発言を肯定したあと、自分の意見を述べる
つまり
要するに
結論として自分の意見を述べる。前後の脈絡はないことが多い
逆に
いわゆる
もちろん

のもとになる。しかも、自分に都合のいいように話をねじ曲げようとすることもあるので、このタイプは自己中心的な性格ともいえるだろう。

◇「だから」で話を展開するのは傲慢な人

先ほどの「つまり」と少し似ているが、「だから」と言って話をまとめようとする人は、傲慢な性格を持っている可能性が高い。

「つまり」と「だから」は性質がよく似た言葉なのだが、「だから」の「だ」は舌音で語気が強まるため、より強引で高圧的な印象を与えやすいのだ。もちろん、「だから」を常用する人はそのことを無意識に理解しており、相手の話を無理矢理にでも自分のほうへと引っ張ろうとしているのである。

しかも、このタイプはとにかく自分の意見を押し通したいだけで、それが正しいか間違っているかにはあまり興味がない。自分の意見のほうに相手を引き込みたいだけなので、理由もなくわざと相手とは正反対のことを言うことも多く、場を荒れさせる傾向にある。

この手のタイプはとにかくわがままな人間なので、不要な反論はしないほうがいいだろう。なるべく、無難な対応をして近づかないのが一番だが、もし職場の同僚などにこのタイプがいたら、とにかく上司や先輩など目上の人に助けを求めたほうがいいだろう。

理屈っぽい人は「つまり」で話の流れを都合良く変えようとする

5
口癖

「わかった」の落とし穴

頼み事に、気軽に「わかったわかった」と答えられ、「本当に?」と不安になった経験はないだろうか。「わかった」と気軽に言う人や、「常識」を押しつけてくる人は信用に値するのだろうか?

キーワード
・逆ギレ
・二つ返事
・世間一般の常識

◇「わかってます」は何もわかっていない

他人から注意されると、条件反射的に「そんなことわかってます」と逆ギレする人がいる。当然のことだが、このような人は、だいたい何ひとつとしてわかっていない。

ただ、本人も本気で「わかっています」と理解していることをアピールしたいのではなく、自分の無能さや不甲斐なさを「それ以上指摘しないでほしい」という拒否反応からとっさに言ってしまっているのだ。

このように自分のメンツばかりを気にするタイプは、たいていが小心者だからあまり気にする必要もないのだが、もし余りにもイラッとしたら「何がわかっているの？」と突っ込むといい。すぐに何も言えなくなってしまうだろう。

◇「わかったわかった」も何もわかっていない

部下が「例の書類、明日までに目を通しておいてくださいね」とお願いしたところ、上司は「おう、わかったわかった」と二つ返事で引き受けた。

このように、「わかったわかった」は主に目上の者が下の者に対して言うセリフで、親分肌の人が好んで使いたがるが、

プライドが高い人の口癖

自分に自信がある人は魅力的に見えるけれど、嫌われてしまうのはこんな人

常識でしょ	自分のルールが当然ほかの人にも通用すると思っている。マイルールを人に強制して反感を買ってしまうことも
わかってます	プライドが高く、子どもっぽい性格の人。自分のミスを人に指摘されると反省するより先にイラッとして口答えしてしまう
つまり〜	多用するけれどそんなにまとめる気がなさそうな人は、プライドの高い仕切り屋。結論を述べることで場を支配したいと思っている
興味ないです	自分が苦手なこと、知らないことを認めたくないので「興味がない」と無視する。プライドは高いが気は弱い

残念ながらこの二つ返事を多用する人もだいたい何もわかっていない。

二つ返事のように同じ言葉をくり返して強調するのは、わかっていないことを悟られまいとする心理からで、口だけのことが多いのだ。

結局は資料に目を通すのを忘れて部下から責められても、本人はど忘れしたくらいにしか思っていないので、「すまないすまない」と言ってまた同じ過ちを何度もくり返すのである。

◇「そんなの常識」は世間の常識ではない

「そんな常識も知らないの?」というセリフは姑やお局OLの定番といった感じだが、最近の若い世代でも使う人が増えているという。

そして、彼らの言う「常識」とは世間一般の常識ではなく、いわゆる「マイルール」であることが多いのである。

そもそも分別のある人間なら、他人の常識を疑って人間関係を複雑にするようなことは言ったりしない。つまり、「そんなの常識」と言う人ほど世間知らずであり、彼らの言う「常識」は仲間内だけで通用する「常識」であり、世間一般のそれではない。

この手の人間は、たとえへりくつでも、相手をやり込めることに優越感を感じる幼稚なタイプなので、相手にしないのが一番である。彼らの言うことを決して鵜呑みにしないこと。

なんにもわかってないけど
指摘しないでほしい

こんな口癖の人に要注意！

会話中のどんな話題も「でも」と否定から始める人。話していて気持ちのいいものではないが、何を思っているのだろうか。自己中心的な人や強引な人など、要注意な人の口癖も解説する。

キーワード

・猜疑心が強い
・自己中心的な性格
・会話終了のサイン

◇「でも」が口癖の人はやや猜疑心が強め

相手の話を平気で、「でも」と言って否定してくる人がいる。中には、「でも」が口癖のようになっており、何を言っても否定してくる人もいるのである。

このタイプは、別に相手を積極的に否定したいわけではなく、物事を異常なほど慎重に考える性格なので、マイナス面ばかりを見てしまう癖があり、ついつい猜疑心が勝って「でも」と言ってしまうのである。

何に対しても「でも」と言う猜疑心の

強い人は、なかなか他人を信用しないので、打ち解けるまでにとても時間が掛かる。それでも、仲良くなりたいのであれば、相手の「でも」に対して丁寧に付き合い、納得できるような答えを提示してあげることだ。

このタイプは一度信頼を置くと、とことんまで信頼してしまうケースが多いので、とにかく最初だけは慎重に受け答えするように注意すればいい。

◇クールな自己中心タイプの独特なしゃべり方

クールを装う自己中心的な性格を持つ人には、共通したしゃべり方がある。それは、「まぁ、～ですけどね」というも

意志が弱い人の特徴

自分に自信がない

集中力と根気がない
自分に自信がないので、何かを達成できると信じられない。そのため、集中力も続かず途中であきらめてしまう

優柔不断
自信を持って決断できないので、いつも悩んでいる。最終的な決断は他人任せにして、自分は追従するだけのこともある

人のせいにする
自信のない人は、自分で決断することをしないかわりに失敗したときに人のせいにする。そのため、反省して成長することができない

何事も中途半端
集中力が続かないので、途中で投げ出してしまうことが多い。何かをやり遂げた経験もないので、情熱を持って取り組めない

のだ。たとえば、「まぁ、実際にやってみなくちゃわからないんですけどね」といった感じで、相手を小馬鹿にするような物言いをするのだ。

このタイプの人間は他人を小馬鹿にするようなことを言うくせに自分のプライドは傷つけられたくないから、「～と思う」や「～気がする」、「～かもしれない」という曖昧な言葉もよく使う傾向にある。さらには、色々なことに口を出すわりに自分からは絶対に行動しない小心者でもあるのだ。

◇「とにかく」が出たら会話終了のサイン

もし、あなたが営業マンだったら、「とにかく」という言葉には注意しなければならない。「とにかく」という言葉には強い否定の意味が込められており、たとえ「とにかく、また考えますから」という柔らかな表現であったとしても、「これ以上あなたと話すことはない」という強い意思を持っている可能性が高い。

つまり、「とにかく」が出たら営業マンとしてはノーチャンスなのだ。「気が弱そうな人だから粘ればなんとかなるかもしれない」などとあなどってはいけない。相手はすでにかなりイライラした状態であるはず。

相手が「とにかく」と言ったら、話を長引かせずに潔く撤退しよう。時間を置けばまたチャンスが巡ってくることだってあるかもしれない。

人を信じられないから
アラを探してしまう

5

口癖

頭が固い人・柔軟な人

ルールに従って淡々とこなしていく仕事では実力を発揮するまじめな人も、柔軟性を求められる場面では「頭の固い人」という評価を受けてしまうことも。ちょっとした一言を意識してみよう。

キーワード

・融通がきかない
・頑固者
・おやじギャグ

◇「わりと」を好む人は融通がきかない

相手に質問をしたときに、答えの前に「わりと」を好んで使う人は、融通がきかない性格の持ち主が多い。「比較的に」という意味を持つ「わりと」を多用するのは、断定して間違ってしまうことを嫌うためで、ある意味ではまじめで几帳面な性格ともいえる。

ただ、このタイプは言葉に正確性を求めるため、自分は曖昧な表現をするくせに、他人が言ったことに対して鋭く粘着質に突っ込んでくることが多く、揚げ足

取りな側面もある。

そのため、「わりと」を好んで使う人と会話をしていると話が長引く傾向にある。みんながOKしていても、ひとりだけ納得せずに食い下がったり、とにかく融通がきかないのだ。団体行動に向かない困った性格である。

◇指示代名詞を多用する人は頭が固い？

会話の最中に「あの……」「その……」「この……」という指示代名詞を連発する人は、一見気の弱い人のようにも思えるが、実はその正反対で非常に頑固者であり、物事を杓子定規に考えていることが多い。

おやじギャグとダジャレを言いたくなる心理

寒いと不評なおやじギャグ。それでもなぜ言いたくなってしまうのだろうか

おやじギャグを言う人は、「誰かに笑ってほしい」「愛されたい」という思いを抱えている人。その人なりの努力の結果、誰も傷つけないおやじギャグやダジャレに行き着く。「おもしろくないことがおもしろい」と笑ってくれる人もいるのがその人の励みになる

会話の中で頻繁に指示代名詞を用いるということは、言ってみれば非常に丁寧でわかりやすい言葉遣いをしているのである。そのため良く言えばまじめ、悪く言えば頭が固いとなるのだ。

このタイプの人間は、ハッキリ言ってしまうと面白みに欠け、たいした才能を持っているわけでもない。しかし、本人は「自分はまじめで天才」などと自惚れていたりするのだ。失敗するごとにひどく落ち込むので、フォローするのも大変なのである。

◇おやじギャグと若者言葉の意外な共通点!?

男性はおやじになればみんなおやじギャグを言うようになる。……とは限らず、おやじギャグを言うタイプの人は、どちらかと言えば垢抜けない、つつましいサラリーマンが多いのである。

なぜ、つつましいサラリーマンがおやじギャグを言うかといえば、それは注目してもらいたいからだ。仕事や家庭では注目されないから、ギャグを言って注目してもらいたいのである。

そんなおやじギャグを聞いて若者たちは「さむい」や「ウザい」とばっさり否定するが、実は若者言葉の「すごーい」や「かわいい!」もおやじギャグと同じ意味を持っている。つまり、まわりから注目されるために、大げさなアピールをしているのである。おやじも若者もやっていることは変わらないのだ。

まじめだけど頭が固く、
失敗に弱いナイーブな面もある
杓子定規くん
あの
その
この

本当にあった怖い心理学実験 ⑤

モスコビッチの実験

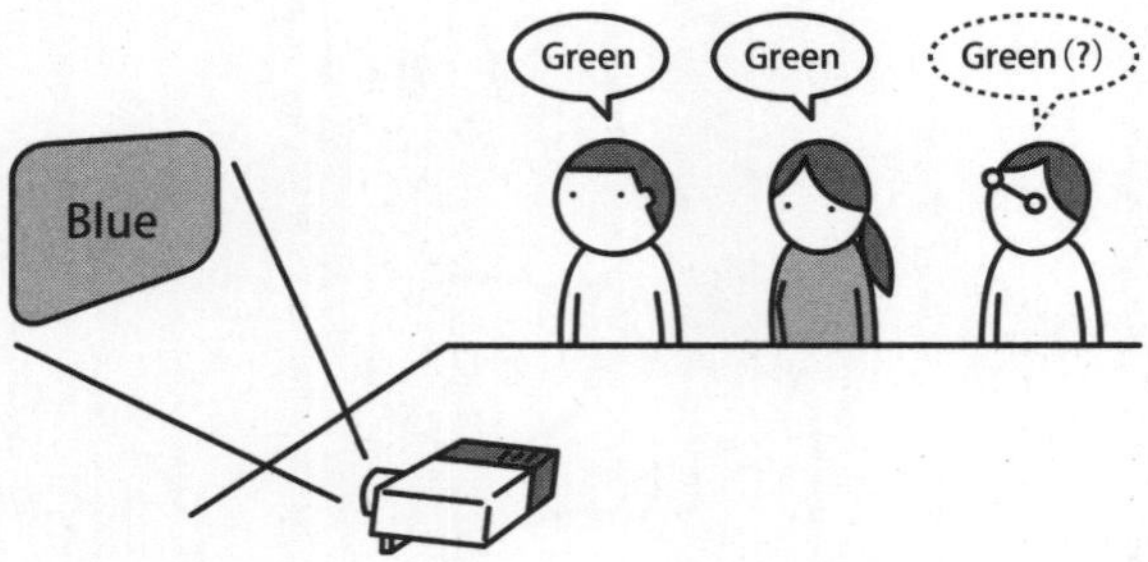

権力を持たなくても意見を通せる

モスコビッチは、11人のサクラと3人の実験参加者に青色のスライドを見せて、「何色に見えるか」答えさせる実験を行った。

サクラ11人は前もって、「緑色」と自信たっぷりに答えるよう指示されており、実験参加者がどう答えるのかを調査した。

その結果、明らかにスライドが青色であるにもかかわらず、32%もの実験参加者がサクラに同調し「緑色」と答えた。

サクラに権力や肩書がなくても、参加者に指示がなくても、確固たる自信と、主張を変えない一貫性は人を誤った答えにも導く力を持っていることが証明された。

第6章

習慣・趣味嗜好

飲み会でわかる心理

「飲みニケーション」という言葉があるように、飲み会で部下や同僚、上司とのコミュニケーションを図る文化は今も根づいている。意外な一面もわかる、飲み会での注目点を解説しよう。

キーワード

・まめなお酌
・割り勘にこだわる
・ピッチが早い

◇まめにお酌する人は警戒心が強いタイプ

宴会の場で上司や先輩のグラスが空くと、まめにお酌したり注文を尋ねたりする人がいる。この手のタイプは、気がきく性格であるのは間違いないが、もう少し踏み込んで分析してみると警戒心が強い人であるともいえるのだ。

というのも、宴会ではついついお酒を飲みすぎて暴れてしまったり、悪態をついてしまう人たちも少なくない。お酌タイプの人間はこういった失敗を非常に恐れており、自分が冷静でいられるようにお酌をするのだ。

確かに、まめにお酌をしていると、常に気を張っていなければならず、酒量が増えることもないので、お酒で失敗することはないのである。ただ、この手の人間は慎重になりすぎるので、失敗こそしないが、残念ながら大きな成功を収めることもないだろう。

◇割り勘にこだわる人はドライな性格？

食事や宴会が終わって会計をするときに、きっちりと割り勘にしたがる人がいる。「君はお酒を飲んでないから2千円で、お前はいっぱい食べたんだから4千円な」といった具合に、ひとりひとりの

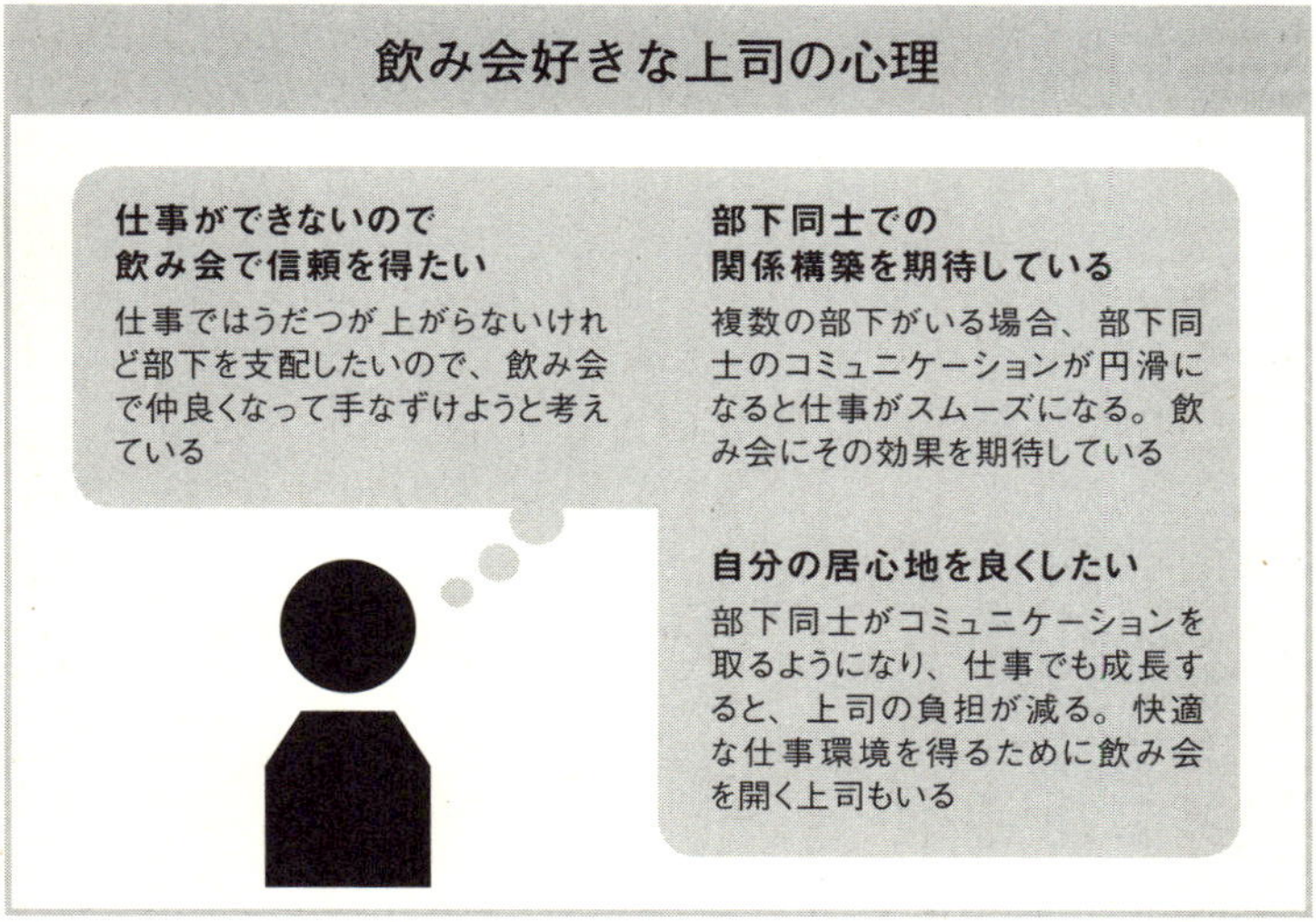

飲み会好きな上司の心理
仕事ができないので飲み会で信頼を得たい
仕事ではうだつが上がらないけれど部下を支配したいので、飲み会で仲良くなって手なずけようと考えている
部下同士での関係構築を期待している
複数の部下がいる場合、部下同士のコミュニケーションが円滑になると仕事がスムーズになる。飲み会にその効果を期待している
自分の居心地を良くしたい
部下同士がコミュニケーションを取るようになり、仕事でも成長すると、上司の負担が減る。快適な仕事環境を得るために飲み会を開く上司もいる

行動をしっかりとチェックし、細かく割り勘していくのだ。

割り勘好きな人はケチな性格だと思われがちだが、けっしてそんなこともない。ケチというよりは他人との貸し借りを嫌う、ドライな性格といえよう。

誰かにおごってもらったりすると、あとで「この前は俺が払ったんだから、今度はお前が払えよ」なんて話になるが、これが嫌なのである。今解決できることは今のうちに解決して、後腐れない関係でありたいと考えるのだ。

この手のタイプは割り切った関係を好むので、特定の恋人を作らないことも多い。自分の行動を何かに縛られるのを異常なほどに嫌がり、常に自由を望む人でもあるのだ。

◇速いピッチでお酒を飲むのはまじめな人

宴会でお酒を飲み始めると、どんどんピッチが上がって愚痴り出したり、ハイテンションになって大騒ぎをする人がいるが、実はこういう人に限ってまじめな性格だったりする。

まじめな人は、普段理性で感情を抑えているのだが、お酒を飲むことによって理性がゆるみ、隠していた感情が爆発するように飛び出してしまうのだ。

逆に、お酒を飲んでもまったく変わらない人は防衛本能が強く、常に他人と一線を引いているタイプ。本音で話さないので、何を考えているかわからず、冷たい印象を与えてしまうことも多い。

速いピッチで飲みすぎて
隠していた本性があらわに……
という失敗には気をつけたい

オフィスでわかる心理

人が近寄ってくるのに、待たずに「閉」ボタンを連打する人、自分のデスクまわりを好きなものでデコレーションしている人。オフィスにいる色々な人たちは何を考えているのか？　見てみよう。

キーワード

・「閉」ボタン連打
・オフィスに私物
・受話器を持つ手

◇エレベーターの「閉」ボタンを押す心理

エレベーターに乗るとき、階数ボタンを押してすぐに「閉」ボタンを連打する人がいる。この行動はほかの人を待たせないようにするための気遣いにも思えるが、実はそうではない。

アメリカのマイヤー・フリードマン医師の分析によれば、放っておけば自動的に閉まるにもかかわらずエレベーターの「閉」ボタンを押したがる人は、闘争心がおう盛な野心家であり、攻撃的でせっかちな人が多いというのだ。

つまり、「閉」ボタンを押すのは他人への気遣いなどではなく、イライラしながら「時間の無駄だから早く閉まれ」と思っているのである。

中には自分が降りるときにも「閉」ボタンを押して、器用に出て行く人がいるが、これは常に自分が他人をコントロールしたいという気持ちの表れである。かなり野心が強いタイプといえる。

◇私物をオフィスに持ち込む人の心理は？

オフィスにあるデスクは仕事をするための場所であり、それ以外の何物でもない。それにもかかわらず、写真や雑誌、中にはフィギュアなどの私物をオフィス

仕事がはかどるオフィスの条件

仕事スペースを自分色にする

イギリスの研究者アレックス・ハズラムによると、会社員に職場環境を自分の好きなように変えることを認めたところ、与えられた職場環境で働くよりも最大35%生産性が向上した

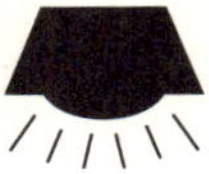

色や光、空間の特徴を活かす

明るい光は研究など精密さを求められる仕事に、調整できる明かりはクリエイティブな仕事に好影響を与えることが明らかになった

植物と窓を活用する

職場に植物があると、働く人の労働意欲を高めたり、ストレスをやわらげたりする効果がある。職場の空気もきれいにしてくれる

に持ち込み、まるで自室であるかのように振る舞う人がいる。

これは、仕事中でもリラックスしていたいという気持ちの表れでもあるが、自分の城を作り他人に入り込まれたくないという思いも合わせ持っている。

このように自分のテリトリーに対する意識が強い人は、マイペースで自分本位なところがある。しかし、オフィスに自分の城を作って自分勝手なことをしているかというと、そうではない。仕事に対しては非常に熱心で、与えられた仕事を疎かにしないタイプでもある。

リラックスできて、仕事に集中できる環境を整えたからこそ、「ベストを尽くして働こう」と考える、ある意味単純な人間なのだ。

◇受話器を持つ手の位置でわかる仕事心理

オフィスで電話を受けている人がいたら、その人が受話器のどの位置を持って話しているか確認してみよう。手の位置によって、その人の仕事に対する姿勢が見えてくる。

まず、受話器の下の部分を持つ人は強引なタイプが多い。下の位置を持つことは、いつでも受話器を置く準備ができていることを示しており、何かあればすぐに切ろうと考えているのである。

その逆で、受話器の上側を持つ人は冷静な性格といえよう。「話をしっかり聞きたい」という人で、きちんと相手の要望を受け止めて対処するまじめな人が多い。

他人には理解されなくても仕事の集中力を高めるオフィスの私物

大 書き文字でわかる性格

「筆跡鑑定」は、警察の捜査にも用いられる個人を特定する手段のひとつ。誰ひとりとして同じ筆跡の人はいないのだ。文字の特徴を見ることで、相手の性格の傾向を掴むことができる。

キーワード

・筆跡学
・文字に人柄が表れる

◇筆跡から読み解くことができる性格とは

古くは『源氏物語』で光源氏が女性から受け取った手紙の文字を見て相手の心情を推し量っていたように、手書きの文字というものは情報を伝えるだけでなくその人の心を映す鏡でもある。

パソコンやスマホが普及した現在では文字を書く機会も少なくなってしまったが、それでもやはり書き文字には人柄が表れているのである。

相手がどんな性格か知りたければ、お願いしてメモ帳に簡単な言葉を書いてもらおう。もし、相手から警戒されてしまうようなら、「飲み会の出欠を取りたい」とでも言えばいい。

手に入れた筆跡は次のふたつのうちどちらのタイプであるか確認してみよう。角ばった鋭い線で書いているタイプと丸みのある線で書いているタイプのどちらであるか、文字をよく見て判断しよう。

筆跡学の父と呼ばれるジャン・イポリート・ミションによれば、角ばった線で文字を書くタイプは感覚が鋭く、直感力に優れた人間であり、丸みのある線で文字を書くタイプは温和な性格を持っているのだという。

これは説明されなくてもなんとなくわかるかもしれないが、さらに筆跡によって細かく性格を診断する方法もある。

文字と色の不思議

ストループは、それぞれ意味の異なる情報を同時に与えた場合に起こる反応を明らかにするため、実験を行った

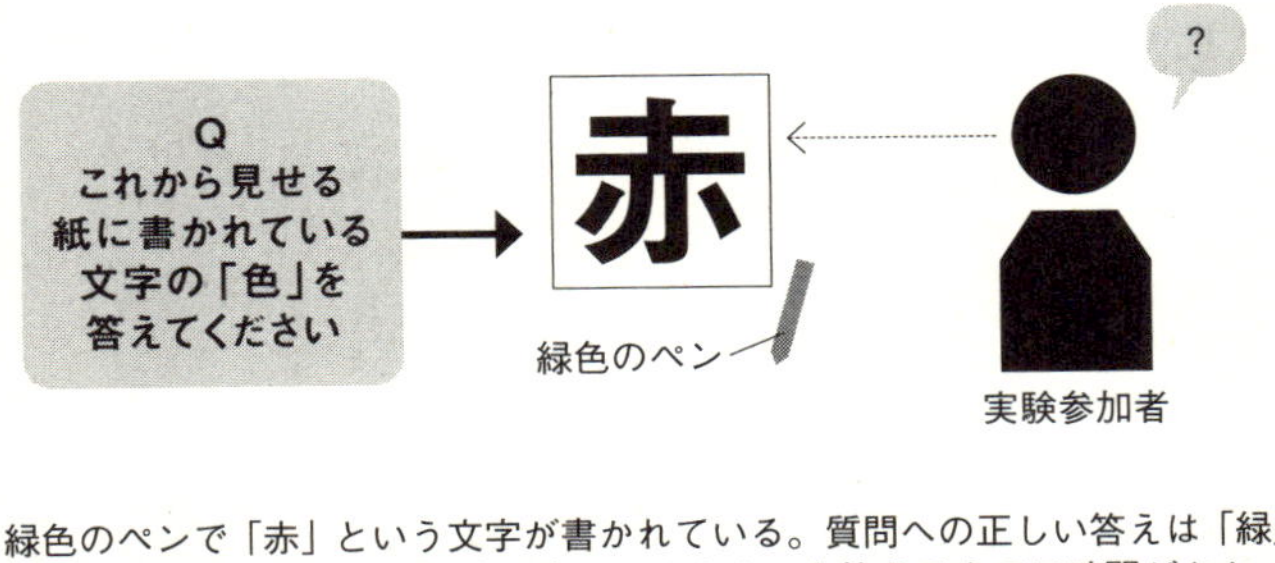

緑色のペンで「赤」という文字が書かれている。質問への正しい答えは「緑」なのだが、赤色のペンで「赤」と書いたときよりも答えるまでに時間がかかった。これを「ストループ効果」という

◇筆跡を細かく分析して詳細に読み解く

日本の心理学者であり筆跡学者でもある慶應義塾大学の槇田仁名誉教授によれば、筆跡は以下の9つのパターンに分かれ、そこから性格を読み解くことができるという。

筆跡の9パターンとは、文字の大きさの大・中・小と筆圧の強・中・弱、そして形が四角い・丸い・崩れているの9つに分かれている。

そして、文字が大きく筆圧が強い形を書く人は頑固な性格であると分析する。このタイプは粘り強い性格を持ち、どんなこともあきらめず最後までやり遂げる強い精神力を持っているが、頑固な面もあり一度決めたら融通がきかないところもあるようだ。

次に、文字が小さく筆圧も弱く形が崩れている人は内向的性格なんだそう。このタイプは少人数でいることを好み、すぐに批判的なことを口にする冷たく理論的な人間が多いという。

最後に、中くらいの文字を書き筆圧も普通で形が丸い人は、外向的性格であるという。このタイプはすぐ他人に同情して世話を焼きたがる傾向にあり、初めて会った人でもすぐに親しくなれる社交的な性格なのだとか。

このほかにもパターンの組み合わせによって色々と性格診断ができるそうなので、興味がある方はぜひ調べてみてはいかがだろうか。

文字に表れる人の性格

人が書いた文字は、似ているように見えても千差万別。文字の特徴からある程度性格も読み取ることができる

大きい文字・力強い（筆圧が強い）文字・角ばった文字を書く人は、粘り強い性格（自分の常識を他人にも当てはめてしまう頑固な面もあるが、粘り強い性格の持ち主。忍耐強く、あまり怒らないが、怒り出すとなかなか止まらない）だといわれている

文字が小さい・弱々しい・崩れている人は内向的な性格で、少しの友達でも満足でき、深い関係を時間をかけて築いていく傾向がある。冷たい性格だと思われがちだが、理性的で公平な性格

丸い文字を書く人は外向的性格。人の世話を焼くのが好きで、社交的な性格。初対面の人ともすぐに仲良くなることができる

ちょっと迷惑な人の心理

困った顔で相談してきたと思って親身に聞いていたら、実はただの「自慢」話を聞いてほしいだけ。用もないのに長電話をやめないなど、思わず脱力してしまう困った人たちの心理を読み解く。

キーワード

・自慢話の前置き
・ただの合いの手
・部屋のチェック

◇「〜ってどう思う？」は自慢話の前置き

たとえば、自転車の話をしているときに「折りたたみ自転車ってどう思う？」と聞いてきた場合、ほぼ自慢話が始まると思っていい。

もし、そこで「小さくなるから携帯性がいいよね」と肯定的なことを言ったら、「だよね。実は俺買ったんだ」という自慢話になり、「折りたたみは重いからスピードが出ないよ」と否定的に言ったとしても、「そう思うだろ。でも実は違うんだ……」と結局自慢話になってしまうのである。

結局、「〜ってどう思う?」と聞く人はただ自慢話がしたいだけなのである。

しかも、相手のリアクションを確かめてから、確実に自慢できる話に持ち込むという小賢しいナルシストなのだ。

◇「なるほど」は合いの手に過ぎない

話をしていて相手が「なるほど」と言ったら、「しっかり話を聞いてくれているな」「自分の意見は肯定的に捉えられているんだ」などと思ったりするが、これは大きな間違いである。

「なるほど」が口癖の人をよく観察してみると、あまり相手の話をまじめに聞く

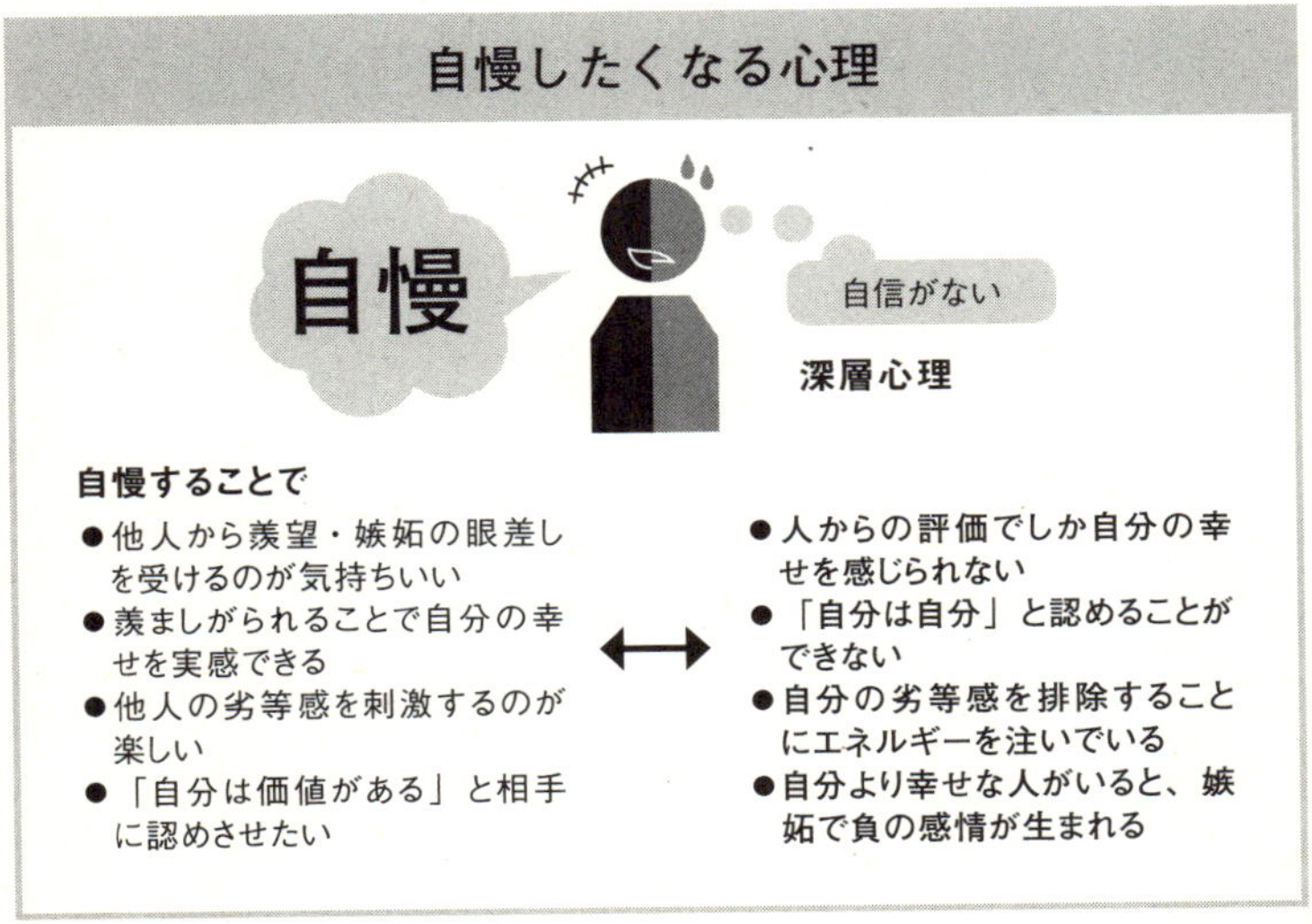
自慢したくなる心理
自慢
自信がない
深層心理
自慢することで
●他人から羨望・嫉妬の眼差しを受けるのが気持ちいい
●羨ましがられることで自分の幸せを実感できる
●他人の劣等感を刺激するのが楽しい
●「自分は価値がある」と相手に認めさせたい
●人からの評価でしか自分の幸せを感じられない
●「自分は自分」と認めることができない
●自分の劣等感を排除することにエネルギーを注いでいる
●自分より幸せな人がいると、嫉妬で負の感情が生まれる

態度ではなく、相手の話が終わるやいなや自分の話を始める人が多い。要するに、このタイプが言う「なるほど」は、あなたの意見に納得しているわけではなく、「なるほど言い分はわかったから、こっちにも話をさせろ」という意思の表示なのである。どうか、騙されないように注意してほしい。

◇用もない長電話はストレス解消のため？

用件が終わったあとも世間話を続ける長電話な人がいる。これは普段おとなしく、存在感の薄い人に多く見られる。「自分のことをもっと認めてほしい」「自分の存在を示したい」という心の表れであり、長時間しゃべり続けることでストレスを解消しようとしているのだ。

◇部屋をくまなくチェックする人の性格

カップルや友達同士で旅行に出かけて宿泊するとき、トイレやお風呂のみならず引き出しや押し入れまで開けて部屋中をくまなくチェックしたがる人がいないだろうか？　こういう人を見ると、「落ち着きがない」と思ってしまいがちだが、実はこのタイプは危険察知能力に優れた頼れる存在なのである。部屋をくまなくチェックするのは早く順応したい心の表れであり、そこでトラブルが起きたとき回避する方法を探しているのだ。

相手の時間をひとり占めする
長電話でストレス解消

生活習慣に表れる性格

ときに家族喧嘩の原因にもなる、テレビのザッピング。度々チャンネルを変えられるのは、一緒に見ていてウンザリしてしまうことも。睡眠の習慣など、普段の生活にも性格が表れる。

キーワード

・テレビのザッピング
・孤独を感じやすい人
・熱中できる人

◇テレビのザッピングは欲求不満の表れ！

テレビを観ているときに番組のコーナーが変わったり、CMに入る度にチャンネルを頻繁に変える、いわゆるザッピングをしたがる人がいる。

番組をちょっとずつ観ても内容が入ってこないだろうし、何しろ落ち着かないだろうと思ってしまうが、そんなのお構いなしにチャンネルをポチポチ変えてしまうのだ。

このようにザッピングをする人は、欲求不満に陥っている可能性が高い。どのチャンネルを観ても満たされないので、すぐにほかのチャンネルに変えて新しい刺激を得ようとするのだ。

しかも、ザッピングをすればするほど番組の面白い部分を見逃してしまうので、さらに欲求不満になっていってしまうのである。

◇布団から出られないのは寂しがり屋

目覚まし時計が鳴り目覚めても、なかなか布団から出ることができない。その気持ちが痛いほどわかるという人も多いのではないだろうか。実はこのような朝に弱いタイプは、寂しがり屋な性格の人が多いといわれている。

欲求不満は行動に表れる

頬杖をつく

頬杖は「自己親密行動」のひとつで、不安を抱えているときなど、無意識のうちに取ってしまう行動

チョコを食べる

人は欲求不満のときにチョコを食べたくなることがわかっている。チョコには幸せな気持ちになれる成分が含まれるため、食欲を誘う

髪に触れる

会話中に髪に触れるのはよく見る光景だが、飲み会のあと、「このあとどうする?」と聞いたときに髪に触れるようなら脈あり

胸元に触れる

鼓動を落ち着けようとしている動作。異性が頻繁にシャツのポケットやボタンをいじっているときには脈ありといえる

爪を噛む

この行為自体がストレス解消になっている。癖になっている場合は別にして、突然爪を噛み始めたら欲求不満のサイン

口に手を当てる

口まわりに触れるのは欲求不満のサイン。誰かに甘えたい感情の表れ。しゃべりながら口を手で隠す人はウソをついている可能性大

「仕事に行くのが嫌で仕方ない」と考えるのは自分が孤独だと思っているからで、「だったら布団の温もりに包まれていたい」と孤独や寂しさを紛らわそうとしているのである。

シカゴ大学のジョン・カシオッポは、孤独を感じやすい人とそうでない人が、目覚めてから布団を出るまでにどれくらいの時間差があるか調べてみたところ、孤独を感じている人はそうでない人の約2倍も布団でゴロゴロしていることがわかったのである。

もし、あなたが孤独を感じやすいタイプなら、なるべく早く布団から出ることをオススメする。当たり前だが、布団に長くいればいるほど余計孤独になり、寂しさも紛れないからだ。

◇熟睡できる人は何ごとにも熱中できる人

夜中、ぐっすり眠れずに何度も起きてしまうことはないだろうか？　もしそうなら、あなたは仕事や趣味に没頭できていないのかもしれない。

オランダ・アムステルダム大学のアン・メイジャーがおこなった研究によれば、ぐっすり熟睡できる人は何ごとにも熱心に取り組む姿勢を持っており、逆に安眠できない寝不足の人は物事への取り組みが中途半端になりがちであることを突き止めた。熟睡できているから仕事にも熱心になれるのか、仕事熱心だから熟睡できるのかは不明だが、この両者が深い関係にあるのは間違いないようだ。

どの番組でも満たされないから
ひとつのチャンネルに絞れない

周囲が見えなくなりがちな人々

とあるグループの熱狂的なファンだったり、熱心に占いを読んではお告げのとおりに行動していたり、電車で平然と化粧したり。周囲の目を気にせずにのめり込む人の特徴と性格を見てみよう。

キーワード

- 占いを信じる
- 熱狂的なファン
- 公共の場で化粧をする

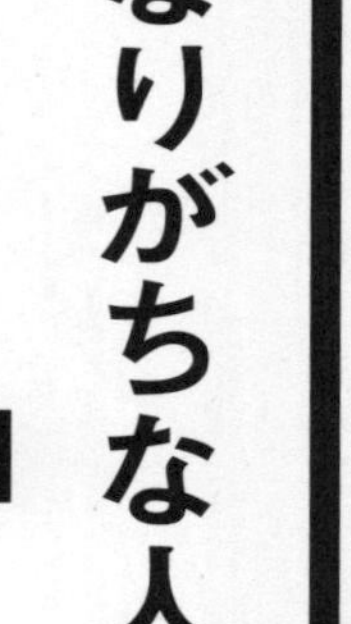

◇占いを信じてしまう人は無防備で危険？

朝の情報番組や週刊誌などに必ずある占いのコーナー。毎日毎日、飽きもせずにあれだけ日々の運勢が占われているわけだから、占い好きという人もかなりの数がいるに違いない。

ただ、占いという科学的根拠のないものを素直に信じてしまうのはあまりに無防備で危険である。たいてい占いというものは、なんとなく誰にでも当てはまりそうなことを言っているだけなのだ。牡羊座の人がみずがめ座の占いを見ても、内容に大差はないのである。

この誰にでも当てはまるような内容を自分のことだと捉えてしまうことを「バーナム効果」と言う。この効果にハマりやすい人は、騙されたりマインドコントロールされることもあるので、人を信じすぎないように注意しよう。

◇熱狂的ファンは自分と集団を同一視する

どの世界にも熱狂的ファンというのはいるもので、売り上げランキング1位にするために何十枚、何百枚と同じＣＤを買ったり、わざわざ何十日も前から店頭に並んでグッズの発売を待ったりと、常識では考えられないような行動を取るも

バーナム効果＝占いを信じてしまう心理

アメリカの心理学者フォアは、心理検査の結果がどれほど自分に当てはまっているのかを調査した

あなたの心理検査の結果です
全員同じ結果を渡してるだけだけど
当たってる!!

実験参加者に渡された心理検査結果は、星占いの結果を適当に組み合わせて作ったものだったが、ほとんど全員が「当たっている」と感じた

バーナム効果の応用

血液型占いや星座占いなど、色々な占いに応用されている。
一見自分の性格を言い当てているように見えても、実際は誰にでも当てはまる内容を組み合わせているだけ。同様に、不特定多数者に向けた広告もバーナム効果を利用して「自分に語りかけている」と思わせている

のだ。

このような熱狂的ファンは、「集団同一視」という心理状態になっていると考えられる。集団同一視とは、ある集団を好意的に感じると、その集団に依存感情や親愛の情を持つようになり、さらに、その集団に尽くすことに喜びを覚えるようになるのだ。

たとえば、アイドルを応援していると、まるで自分がその一員になったような錯覚に陥り、「このグループはランキング1位じゃなければ許せない」といった感情を抱くようになり、どんどんお金を使ってしまうのだ。あまりにのめり込みすぎると、いつの間にか破産していたなんてことになりかねないので、熱狂的になるのもほどほどに。

◇どうして電車の中で化粧ができるのか？

たまに通勤電車の中で、平気な様子で化粧をしている女性を見かけることがある。普通、人前で素顔をさらしたり、メイクをするという行為は恥ずかしいものだと思うのだが……。

混雑した電車というのはパーソナルスペースが失われた状態になり、むしろ他人のことが気にならなくなってしまうのである。

つまり、平気でメイクしている人は同乗者のことをじゃがいもかピーマンくらいにしか思っていないのである。だからこそ、恥ずかしげもなくあのような行為をやってのけられるのだ。

電車内のメイクは
心のバリアがあるから
見られても平気

column

本当にあった怖い心理学実験 ⑥

アッシュの実験

多数派が間違っていても同調してしまう

アッシュは、多数派に圧力をかけられた中でも答えを貫きとおせるのかどうかを明らかにするため、実験を行った。

カードに描かれた線と同じ長さの線を配られたカードの中から選び出す実験だったが、グループのメンバー（ひとりを除いて全員サクラ）が順に誤った回答を述べていく。最後に実験参加者が回答するのだが、30％もの参加者が間違った答えに同調した。

グループのサクラがひとりでも正しい回答をすると、実験参加者の同調は10％まで減少した。たとえ正しい答えでも皆の答えと違っていると、間違った答えに同調してしまうことが証明された。

第7章 ビジネス

交友関係で性格がわかる

親しい人との付き合い方は、人によって違う。昔からの友人と長く付き合っている人もいれば、年上としかつるまない人、逆に後輩としかつるまない人も。交友関係に表れる性格を見てみよう。

キーワード

・長い付き合い
・年上と親しくする
・年下と親しくする

◇仲間と長く付き合うのは線引ができる人

違う学校に通うことになったり、会社の仕事が忙しくなったり、家庭を持って家族サービスが必要になったりと昔の仲間とはつい疎遠になりがち。

でも、いくつになっても昔からの仲間たちを大切にし、会う機会をもうけようとする人は、物事に対する線引が上手な人と言えるだろう。

なぜなら、それぞれの学校や会社、家庭の事情があったとしても、それを昔の仲間たちとの関係に持ち込まないからこそ、いつまでも付き合いを保っていられるのだ。

◇昔の仲間としか遊ばない人は臆病な性格

いつまで経っても昔の仲間を大切にする人は線引が上手な人と説明したが、ただ昔の仲間としか遊ばないような人は線引うんぬんというよりも単に臆病な人といえるだろう。

新しい仲間と出会い、関係を築いていくのは、とても面倒で骨の折れる作業だ。しかし、環境の変化とともに付き合いが増えるとそれだけ刺激も増え、自分の成長にも繋がる。

それにもかかわらず、面倒だからと

友情は「相手への期待」で維持される

楽しい思い出を共有し、辛いときには助けの手を差し伸べてくれる友人。友人であり続けるには何が必要なのか研究によって明らかにされた

「助けてくれるはず」という感情が友情になる

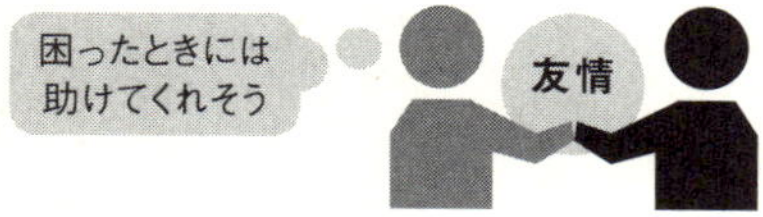

大坪庸介らは、大学生を対象にインタビューをおこなった。友人が自分のために何かをしてくれる（サプライズ誕生日パーティー）状況を想定

誕生日を知っていたか	覚えていた	たまたま知った
プレゼントは満足？	満足	不満

結果、「自分の誕生日を覚えてくれていた」＝「自分のことを考えてくれている」ことが友情を確認する手段として有効であることが明らかになった。プレゼントが自分の好みであるかどうかは問題ではなく、これは知り合って間もない関係でも同様の結果となった

いって昔の仲間とばかり遊ぶのは、かなり臆病な証拠だ。仲間の前では強がって見せても、会社などではまったく目立たない存在だったりする。

◇年上とばかり付き合う人は野心家タイプ

プライベートでもそうなのだが、特に職場で上司や先輩など年上の人と積極的に付き合いたがるのは、かなり野心が強いタイプといえる。

年上と付き合おうとする理由は様々だろうが、たとえばごますりをして相手に取り入ろうとするタイプや年長者から仕事のノウハウを学ぼうとするタイプ、などなど。どちらにしても、年上との付き合いで自分を向上させようという上昇志向が強い人なのである。

◇年下と付き合うのは承認欲求が強い人

先ほどとは逆に年下の後輩とばかり付き合い、上司や先輩のいる飲み会などにはあまり参加しない人もいる。

この手の人間は、非常に承認欲求が強く、自分に気を遣い認めてくれる後輩をまわりにおいて、先輩風を吹かせていたいのである。

その一方で、このタイプはかなり臆病な性格でもあるので、後輩がほかの先輩と飲みに行ったりすると、激しく嫉妬することもある。

親しい人が年上ばかりなのは打算から

会社・上司ここがダメ！

欠点のない人などいない。しかし、あとあとの苦労がわかっていて、あえてダメな会社・ダメな上司のもとで働きたい人もいないだろう。見極めるポイントは口癖や仕組みにあった！

キーワード

・苦労話
・権力を持った上司

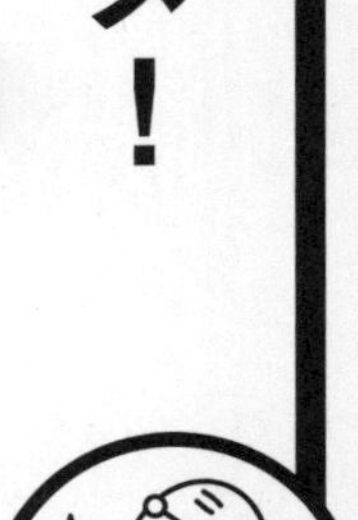

◇社長が苦労話ばかりする会社は伸びない

外資系資産運用会社のJPモルガン・アセット・マネジメントが、多くの企業を訪問している際に見つけた「日本企業の特徴」がいくつかあり、そのひとつに〝社長が自分の過去の苦労話ばかりする人であれば、その会社は成長しない〟というものがある。

苦労話は人を奮い立たせるための常套手段にも思えるが、元アサヒビール会長の瀬戸雄三によれば、「人の苦労なんて、いくら聞かされたって成長しない。自分で苦労しろ」とのこと。聞いているだけは何も起こらないのである。

◇「大変だった」という言い訳は過大評価

商談帰りの同僚が、「いやー、今回の取引を成功させるのは大変だったよ」とやたら「大変だった」アピールをしてきたら、その仕事はそれほど大変なものではなかったはずだ。

もし、本当に商談が大変なものだったら、どんなことで大変だったか具体的な内容をアピールするはずだ。こちらが聞いてもいないのに「大変だった」「難しかった」「疲れた」ばかり強調する場合は、大げさに自分の仕事を過大評価している

権力は人の視野を狭くし、堕落させる

人は権力を手にすると、人に厳しく、自分には甘くなることが複数の研究から明らかになっている

アダム・ガリンスキーの実験

自分の社会的地位について語ってもらったあと、額に「E」の字を書かせた結果、権力者のほうが他人への配慮が少なかった

普通の人

相手から見て「E」の字に見えるように書いた

権力者

自分の書きやすいように「E」の字を逆に書いた

デボラ・H・グルーエンフェルドの研究

判事の権限が強くなる
判事の意見が法廷の多数派の意見と同じ

▶ どちらかの場合、意見書の記述で多数の視点から検討されていないことが明らかになった。自身の意見が支持されているという自信から、少数意見を無視するようになってしまう

だけなのだ。こういったタイプの「大変だった」アピールは無視しておくに限る。

◇強い権限がダメ上司を作る元凶だった

頑張って成果を挙げた仕事の手柄を上司に横取りされた経験のある人もいるのではないだろうか。そうでなくとも、上司の横暴を不満に思っている人は少なくないはずである。

心理学者のキプニスは、人は権力を持つと行使したくなり、部下の努力は低く評価して自己評価を高めようとするようになることを実験で証明した。これを「権力の堕落」という。

つまり、人は強い権限を与えられれば与えられるほど、傍若無人な振る舞いをしてしまうのである。人が悪いわけではなく、立場が人を悪くするのだ。

◇決して仕事で感情的になってはいけない

仕事で取引をする際に、わざと不機嫌な態度を取ったり、脅し文句を使って契約を成立させる人がいる。このタイプの人間は、言葉で相手を説得することができないため、より簡単な恫喝によって相手を屈服させようとするのだ。

このような感情的なやり方はやがてまわりから敬遠されるようになる。いくら手っ取り早くても、仕事で感情的になって良いことはひとつもない。

自分が偉いのではなく
肩書がすごいだけ
ということに気づかなくなる

シチュエーション別・人間関係

何かと難しい人間関係。激しい敵対関係ならいっそわかりやすいが、大抵は自分の好き・嫌いの感情を伝えることはない。ビジネスで成功するために、人間関係の機微を読み解く能力を身につけたい。

キーワード

・座席の位置
・背広を脱ぐ
・背後に立つ

◇座る席で相手がどう思っているかわかる

席が自由に選べる状況で、相手が自分のどちら側に座ったかによって、相手が自分に抱いている親密度を測ることができる。

たとえば、角席の直角になる位置に角をはさんで座ったら、その人はあなたと同じような意見を持っている可能性が高い。対面に座るよりも距離が近く、隣り合わせで座るよりも顔を見合わせやすいこの位置に座るのは、かなり親近感を持っている証拠だ。

逆に、相手が向かい合う席に座ったら、それはあまり親密に思っていないのかもしれない。場合によっては反感や敵意を抱いているかもしれないので注意しなければならない。

◇暑くないのに背広を脱ぐのは敵意がない

仕事の打ち合わせの最中、暑くもないのに取引先の相手が背広を脱いだら、その人があなたに敵意を持っていないというサインだ。

ビジネスマンにとってスーツは戦闘服といっていいだろう。相手に戦いを挑み有利な条件を引き出したいと考えているのであれば、スーツを脱ぐなんて考えら

相手の座る位置をCHECK!

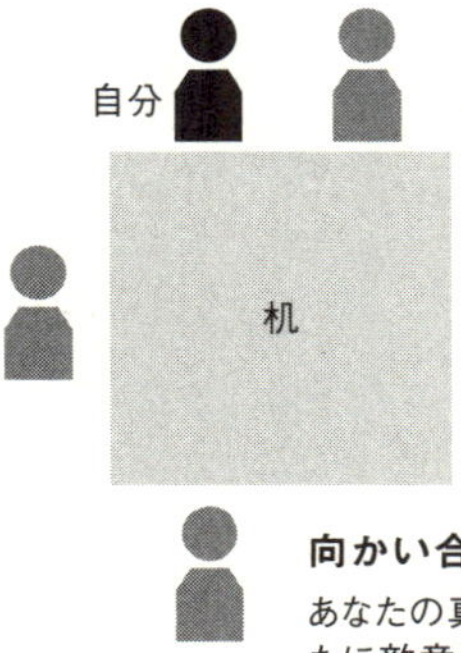

隣に座る
あなたに親しみを持っている。意見の対立はなく、必要であれば補佐的な役割を買って出る気持ちでいることも

角をはさんで90°の位置に座る
あなたと同じような意見を持っている可能性が高い。会議の場で敵対的な発言をする可能性は低い

向かい合って座る
あなたの真正面の席を選ぶ人は、あなたに敵意があるか、良く思っていない。反対意見を持っている場合もある

れない行為だ。

相手が上着を脱いだリックスした状態で向かい合っているということは、強引に契約を取りつけようとしたり、こちらの契約を突っぱねようとする意思がないことを表しているのである。

つまり、その商談は十中八九うまくいくと考えられる。ただし、相手の好意につけ込むようなことをすると、すぐにスーツを着直して臨戦態勢に入る可能性もあるので、あまり調子には乗らないことだ。

◇背後に立つ相手には敵意が隠されている

たとえば、あなたが仕事で大きな成果を挙げたとき、ポンとあなたの背中を叩いて「頑張ってるね」「よくやった」「今後も期待しているぞ」と声をかけてくれた人がいるとしよう。

あなたは、「自分のことを見てくれているんだ」と喜ぶかもしれないが、相手が背中を叩いたときにどの位置に立っているかで持つ意味合いがまったく違ってくるのを知っておいたほうがいい。

背中を叩いたあとに相手があなたのすぐ横に立ったら、これは言葉のとおり信頼感や親しみを持っていると考えて間違いない。あなたの頑張りを自分のことのように喜んでくれている。

しかし、背中を叩いたまま後ろに立っていたら、これは敵意の表れだ。甘い言葉を囁きながらも、あなたの失脚を狙っているかもしれないので要注意。

背後からの
敵意に注意！

こんな人は信用できない

人は誰しも「特別」が好き。だが、さほど親しくもないのに「ここだけの話」を持ちかけてくる、何かと「信頼」という言葉を使う相手を気安く信じてはいけない。言葉や動作に気をつけたい。

キーワード

・ここだけの話
・信頼している
・ねじ伏せるような握手

◇「ここだけの話」をしてくる人物に注意

あなたに「ここだけの話なんだけど……」と打ち明け話をしてくる人は、あなたともっと親しくなりたい、もしくはもっと関わり合いを持ちたいと思っている可能性が高い。

打ち明け話というのは誰かに伝えた瞬間にリスクが生じるもので、基本的には親しい間柄でおこなわれるのが一般的である。つまり、親しくもないのにリスクをおかしてないしょの情報を伝えるということは、お近づきになりたい気持ちがあるからなのだ。

しかし、中には「ここだけの話……」といって相手に近づき、相手から情報を引き出そうとする輩もいるから注意が必要だ。人は打ち明け話をされると自分も打ち明けたくなるという「自己開示の返報性」という心理があるが、それを巧みに利用しようとしている可能性もある。

◇「信頼している」と言う人を信用するな

ビジネスの世界で、「信頼」や「信用」という言葉を軽々しく使う人がいたら、注意したほうがいいだろう。その人の言う「信頼」はとても軽いものかもしれないからだ。

自己開示の返報性：友好的なコミュニケーションが◎

自己開示 個人的な情報を他者に開示すること。自分の信念や大切な思い出をほかの人に話すことがこれに当たる

ジュラードの実験…会話中、自分の反応を変えると他人の印象にどのような影響を与えるのか、実験をおこなった

①うなずき・あいづちを打ちながら話を聞く

②相手が着席する際に体に軽く触れる。うなずき・あいづちを打ちながら話を聞く

③相手が話す前に、まず自分のことを話す。うなずき・あいづちを打ちながら相手の話を聞く

④相手が着席する際に軽く体に触れ、相手が話す前にまず自分のことを話す

④の行動の際にもっとも話が盛り上がる結果となった。このことからわかるのは、会話を始める前のスキンシップで相手の警戒心を解き、自分の情報を開示することがベターということ

たとえば、上司から仕事を頼まれたとしよう。その仕事は明らかに自分だけでは処理しきれないものだったので、自分ひとりでは難しいことを訴えた。すると、上司は「君を信頼しているから大丈夫」としきりに言うのだ。

仕方なく仕事を受けてみると、案の定それはひとりでこなせる分量ではなく、結局その仕事はうまくいかずに失敗してしまった。そのことに対して上司は、「信頼していたのに君には失望したよ」と言うかもしれない。

この上司の言う「信頼」にはけっしてウソはないのだが、簡単に「信頼」という言葉を使う人は他人を簡単に信用しすぎる傾向にある。つまり、そこまで実績がなくても1回の成功でその人のことを信頼してしまい、できもしない仕事をふってしまうのである。

◇手を覆いかぶせるようにする握手の意味

普通、握手は手と手を横にして握り合うものだが、中には相手の手に覆いかぶせるように上から握ってくる人がいる。街頭演説をしている政治家を思い描いてもらえればわかりやすいかもしれない。

このように、相手の手の上になるように握手する人は、「相手よりも優位に立ちたい」「相手をねじ伏せたい」という願望を持っている。かなり挑発的な行為なので、顔は笑っていても絶対に心を許してはならない。

内緒話の裏には
相手の黒い意図が隠れている

時間との関係で性格が見える

「時は金なり」と言うように、ビジネスシーンで時間をないがしろにする人は成功できない。頻繁に時計を気にしたり「時間がない」と連呼するのはどういう心理が働いているのだろうか？

キーワード

・時計を頻繁に見る
・「時間がない」が口癖
・メールの返信が遅い

◇時計を見る癖がある人は怒りっぽい性格

誰かと会話をしているときに相手の話が退屈だったり、早くその場を切り上げたいことを伝えたい場合に、人は時計にチラリと目をやって〝時間がないアピール〟をすることがある。

しかし、このパターンとは違い、無意識に時計をチラチラと見てしまう癖を持つ人がいる。この手のタイプは、腕時計をしているのにデスクにも置き時計を用意していたり、食事中も携帯電話をテーブルに置いてときどき時間をチェックするなどの行動を取る。

なぜそんなにも時間が気になるかというと、常に時間に追われて心に余裕がないからだ。しかし、このタイプの人は実際に時間に追われているわけでもなく、勝手な強迫観念に襲われているだけなのである。常にイライラしているので、ちょっとしたことで怒ったり、八つ当たりしてくることもあるので、注意して接するようにしよう。

◇「時間がない」と言う人はだらしない

何かにつけて「今は時間がない」と言って忙しそうにしている人がいる。この手のタイプは時計を頻繁に見る癖のある人

「忙しい」と言う人の心理

「疲れた」「しんどい」	「忙しい」「時間がない」
友人・恋人…「責めないでほしい」「見守っていてほしい」「共感してほしい」	●周囲からの期待と信頼を自慢したい
同僚…「お互いに頑張ろう」「自分は責任のある仕事を任されている」	●自分が有能だと認められたい
親・パートナー…「色々と大変。サポートしてほしい」「大きな決断をするかもしれない」	●忙しくても頑張る自分像が好き
	●必要とされていたい
「疲れた」「しんどい」などの言葉は、本人が弱っているときに出ることが多い。普段から弱音を吐いている人には共感を示せばよいが、突然弱音を吐くようになった人は限界が近い状況なので、真剣に向き合うことが必要	「忙しい」「時間がない」を連呼する人は、他人に有能だと認めてほしい人。会社に認められている・自分は必要とされていると考える根拠に「忙しさ」を挙げるので、定時で帰るデキる人には対抗意識を燃やすことも

と似ていて、本当に忙しくて時間がないわけではない。

手帳にはビッシリと予定が書き込まれているが、簡単な用事も逐一記入するため、本当に大事な予定は、実はそんなにないのである。

この「時間がない」が口癖の人は、とにかくだらしない性格で手帳に予定を書き込むくせにスケジュール管理がまったくできないタイプだ。複数の仕事を同時にこなそうとして、すべて尻切れトンボのままで終わってしまうことが多く、やり遂げないまま放り投げてしまう傾向にある。

何ひとつ仕事をこなせていないのに、本人は「有能だから忙しい」と勘違いしているのだ。こういう人に仕事をふるときは、「忙しいところ悪いけど」と一言断ってからお願いすると、意外とすんなり受けてくれたりする。

◇メール返信が遅いのは主導権を握るため

メールを送ってもなかなか返信がなく、ヤキモキした経験は誰にもあるだろう。相手がメールを返さない理由は「忘れていた」ことがほとんどのようだが、中には意図して返信を遅らせる人もいる。

わざとメールの返信を遅らせる人は、相手との関係において主導権を握りたいと考えているからだ。デートの誘いも少し焦らしてから返事をしたほうが、相手の気持ちをコントロールできることを知っているのである。

いつも時計を気にしている「時間がない」人は言うほど成果を上げていない

指示出しで上司の器がわかる

人の性格がそれぞれ違うように、上司の教育方針も人によって違うもの。距離感を掴むのもなかなか難しい、上司の望む部下の姿や上司自身の仕事観が、指示出しの言葉や姿勢に表れている。

キーワード

・指示の出し方
・立ち話で済まそうとする

◇指示の出し方でわかる上司の器の大きさ

日本も徐々に成果主義に変わりつつあるが、未だに年功序列という悪しき制度が残っているため、上役にいるからといってその人が優れた人物だとは限らないのである。

むしろ、上司に対しては不満を持つ人のほうが多いくらいで、「部下に仕事を押しつけて働かない」「部下の手柄を自分のものにしようとする」「無意味に横柄な態度を取る」など横暴ともいえる行為に悩まされているのだ。

もし、上司の個性や癖がわかればそつなく対応することもできるのに……。そんな方のために、部下への指示の出し方でわかる上司の性格4タイプをここでご紹介しよう。

①部下を呼びつける

自分の席や自分がいる場所に部下を呼びつけて指示を出す上司は、自分の権力をまわりに示したいタイプだ。ただ、実力はあまりないため、下には厳しく接するものの上にはとにかく媚びへつらう、虎の威を借る狐といった存在。

②部下の席までくる

資料を携え部下のもとまでやってきて指示を出す上司は、上下関係にこだわりがなく、誰にでも分け隔てなく接することができる性格の持ち主だ。いわゆるデ

PM理論で上司のタイプを判断

三隅二不二の理論。PM 理論によると、P は職務遂行機能、M は集団維持機能を表し、上司を以下の4つのタイプに分類することができる。なお、大文字はその面が強いこと、小文字は弱いことを示す

平和主義タイプ　pM 型

目標達成 ★☆☆ 部下への配慮 ★★★

部下の意欲や満足度などに気を配り、援助をすることも。だが生産性は低い

理想の上司タイプ　PM 型

目標達成 ★★☆ 部下への配慮 ★★☆

目標を持ち、成果を挙げる。集団統率能力も高い理想の上司

やる気なしタイプ　pm 型

目標達成 ★☆☆ 部下への配慮 ★☆☆

リーダーには向かないタイプ。部下への配慮・統率力がなく生産性も低い

仕事人間タイプ　Pm 型

目標達成 ★★★ 部下への配慮 ★☆☆

仕事への熱意があり、成果も高い。しかし、部下への配慮は少ない

キるタイプの上司で普段はとてもやさしいが、仕事に対しては人一倍厳しく、妥協を許さない。

③大声で指示を出す

まわりにも聞こえるような大きな声で指示を出す上司は、とにかくいい加減な性格をしている人が多い。指示の内容が曖昧だったり、できそうにないことを強引に押しつけてきたりと勢いだけで押し切ろうとする。大声で威嚇すればなんとかなると考える、短絡的な性格ともいえるだろう。

④こそこそと指示を出す

周囲からの評判ばかりを気にする小心者タイプ。仕事はできず部下からの信頼も低いが、とにかく平穏にやり過ごそうとする、ことなかれ主義。

◇立ち話で済まそうとするのは苦手意識

同じ職場内であるにもかかわらず、「あの人と話すときっていつも立ち話だよな」と不思議に思う相手はいないだろうか？　座って話せばもっと落ち着いて会話ができるのに、パパッと用件だけ伝えて去ってしまうような人。

このタイプは、あなたのことが苦手なのかもしれない。ゆっくりしゃべっていると苦手意識が伝わってしまうような気がして、用件だけ伝えて立ち去れるように立ち話を選んでいるのだ。

一度苦手意識を持たれると、これを覆すのは大変だ。どこかのタイミングで、じっくりと話し合ったほうがいい。

声の勢いだけで支配しようとするのは
短絡的な人

7
ビジネス

困った癖を持つ人の心理

会議ばかり開くわりに特にプロジェクトを進める気概はなさそうな人、何かと遅刻ばかりする人、合理性を求められるビジネスシーンにも困った人は存在する。彼らの行動と心理を見てみよう。

キーワード

・会議を開きたがる
・遅刻ばかりする
・物忘れが多い

◇会議を開きたがる人は責任が何より嫌い

何を決めるにしても、「じゃあ、会議しようか」とすぐに会議を開きたがる人は自分に自信のない人間だ。

自信がないからこそ自分のプランを会議にかけて、チーム全体の責任にしたいのである。もし、そのプランが失敗しても「みんなで決めたことじゃないか」「俺ひとりの責任じゃない」と責任転嫁したいのだ。

この手のタイプは自分で何ひとつ決められない優柔不断な性格のため、コバンザメのように常に誰かと行動をともにすることが多い。やたらトイレや喫煙所に誘ってくる上司がいたら、会議が大好きな無責任男かもしれないので、責任転嫁されないように細心の注意を払おう。

◇遅刻ばかりする人が心に抱える深い闇

どの職場にも遅刻の常習犯はいるだろう。あと10分早く行動すれば万事解決するのに、それがどうしてもできない。

そんな遅刻魔は、心に深い闇を抱えているかもしれない。

普通、人は遅刻しないために努力するのだが、遅刻魔の中にはむしろわざと遅刻してくる人もいるのだ。このタイプは、

人のせいにする人の心理

なんでもかんでも人のせいにして自分では責任を取ろうとしない人には、3つの心理が働いている

- **謝ったら負けだと思っている**…とてもプライドが高いので、「自分が悪かった」と認めるのを嫌がり、人のせいにする。責任をなすりつけられた人からは「こいつは信用できない」と思われるリスクは考慮しておらず、自分のプライドを守ることを第一に考える
- **承認欲求が高い**…「やっぱり○○さんがいないと」「さすが○○さん」などの称賛を欲しているので、得意なことや成功したことはここぞとばかりにアピールするが、苦手なことがまわってくると「できない」と断れずほかの人に押しつけることも
- **自分に甘い**…人に認められるために一心不乱に頑張る人と違って、人のせいにする人は楽して評価されたいと考えているので、他人の成果を平気で横取りするようなずるい面も持っている。できなくても人のせいにするので、自分には甘い

「遅刻してしまう」「失敗してしまう」というマイナス思考に取り憑かれており、わざと遅刻して「あぁ、やっぱり自分はダメな人間だ」と納得し、安堵感を得ているのである。

これを心理学的には「マイナスの期待感」と呼び、マイナスなことばかりを考えて、実際にマイナスなことが起こると「思ったとおりだ」となぜか安心する変人的思考なのである。

また、私生活でも遅刻が多い人は傲慢な性格の持ち主である可能性が高い。相手を待たせ、自分のほうが偉くなったような気になることで満足感を得るという、これまた変人的思考の持ち主なのだ。このタイプは遅刻癖を直す気がないので、待たずに帰ってしまうのも手だ。

◇物忘れをしてしまうのは飽きている証拠

認知症になる年齢でもないのに、やたらと物忘れをしてしまう上司はいないだろうか？　さっきもらったばかりの資料をなくしたり、会議の時間をすっかり忘れていたり……。何かの病気じゃないかと心配になるが、実はこれ、ただ仕事に飽きているだけなのである。

人は興味のあることや好きなことに対しては積極的に行動し、一度見ただけでも覚えてしまうようなことがある。しかし、その逆に興味のないものは全然覚えることができないだろう。この上司は仕事に興味を失っているから、色々なことを忘れてしまうのだ。

10分
遅れ
相手が自分を待ってくれた
という満足感がほしいだけ

行動に表れる不安や恐怖

学生生活を終えて社会に出たら、立場や責任ができて、人は嫌でも大人にならざるを得ない。それでも大人になろうとしない人たちはどんな不安や悩みを抱えているのだろうか？

キーワード

・資格取得
・モラトリアム症候群
・転職をくり返す

◇次から次へと資格を取りたがる人の心理

あなたのまわりに資格取得に情熱を傾けている人はいないだろうか？　ＴＯＥＩＣなど仕事に役立つ勉強をしているのならいいが、アロマセラピー検定やカラーコーディネートなど、「その資格本当に必要？」と思ってしまうようなものまで取得しているのである。

こういったタイプは、「モラトリアム人間」かもしれない。モラトリアムとは、心理学者エリク・Ｈ・エリクソンによって定義された「学生など社会に出て一人前の人間となることを猶予された」状態のことを指す。

つまり、「モラトリアム人間」は、いつまでも学生のように自分の可能性ばかりに目を向けていて、目の前の現実を疎かにしてしまう傾向がある。

◇転職をくり返す人の心理とは？

かつては一度就職したら骨を埋める気持ちで働くというのが一般的な風潮だったが、最近では転職や再就職も比較的気軽にできるようになってきた。また、インターネットの普及によって様々な情報が手に入るようになり、自分の会社よりも条件の良い会社も見つけやすくなった

モラトリアムな人たち

モラトリアムとは　今の自分に満足しておらず、「自分は本当は○○だ」と本当の自分はもっと優れていると考える症状を言う。本来は学生が社会に出る前の「猶予期間」の意味で使われていた

- **モラトリアム症候群**…自分が何になりたいのかわからず、「何にでもなれる」という可能性だけを信じて、選択・決定できない人（主に社会人になる前の学生）を言う
- **青い鳥症候群**…童話『青い鳥』のように、夢を追い求めて職業などを転々とする人のこと。夢の実現のために必要な自分の実力との落差を直視することを恐れている
- **ピーターパン症候群**…少年から青年へと成長し、大人になってもまだ心は「少年」のままの男性のこと。ディズニーアニメにもなったおとぎ話の登場人物が名前の由来
- **シンデレラ・コンプレックス**…男性への高い理想を掲げて現実を見ない女性のことを指す。女性の潜在意識にある、「男性に依存したい」という感情が原因とされている

のである。

そのためか、近頃は就職しても転職をくり返す人も多くなってきた。より良い環境を求めて転職をくり返すことを「青い鳥症候群」というが、みんな青い鳥を探してさまよっているのだ。

なお、青い鳥症候群に陥るのは、幼い頃から過保護な親に育てられた人に多いといわれている。親に甘やかされたせいか、嫌なことをガマンできないのである。これを心理学的には「幸せのパラドックス」と呼ぶ。

◇宴会の席でしゃべらない人が抱える恐怖

仕事のやり取りはスムーズにできたのに、宴会の席で話そうと思ったら急にそっけなく、無口になってしまった。そんな人に出会ったことはないだろうか？

もしかしたら、その人は雑談恐怖症という対人恐怖症の一種になっているかもしれない。

この症状は、過去の失敗などが原因で自分のことを「つまらない人間だ」と決めつけてしまい、他人からの否定を恐れて自由にしゃべれなくなってしまうのである。仕事などの決まりきった会話は苦もなくできるが、何を話してもOKという空間にいると、突如として不安が襲ってくるのである。

もはやこれは精神病なので、なんとかしてあげようなどとは考えず、医者に任せてやさしく見守ってあげよう。

資格に夢中だから
現実は見えていない

本当にあった怖い心理学実験 ⑦

ピエロンの実験

睡眠不足が犬の精神に与えた影響

睡眠は人が生きていくうえで欠かすことのできない要素。睡眠不足に悩む現代人も多い。フランスの心理学者ピエロンは、睡眠不足が精神と肉体に与える影響を調べるため、犬を使った実験をおこなった。

実験は犬をできる限り眠らせないようにするもので、269時間犬を覚醒状態にさせ、強制的に眠れない状態にした。

その結果、犬は脳細胞に大きなダメージを負い、中には死んでしまうものもあった。睡眠不足が大きな影響を与えることが判明したが、断眠実験で死んだ犬には脳以外の体にはこれといったダメージは見つからなかった。

第8章

恋愛

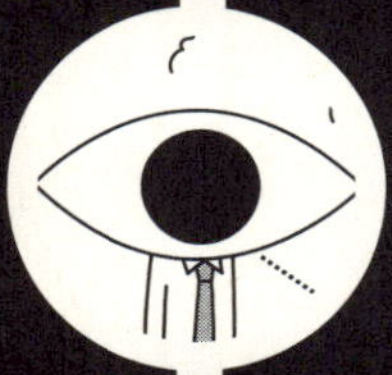

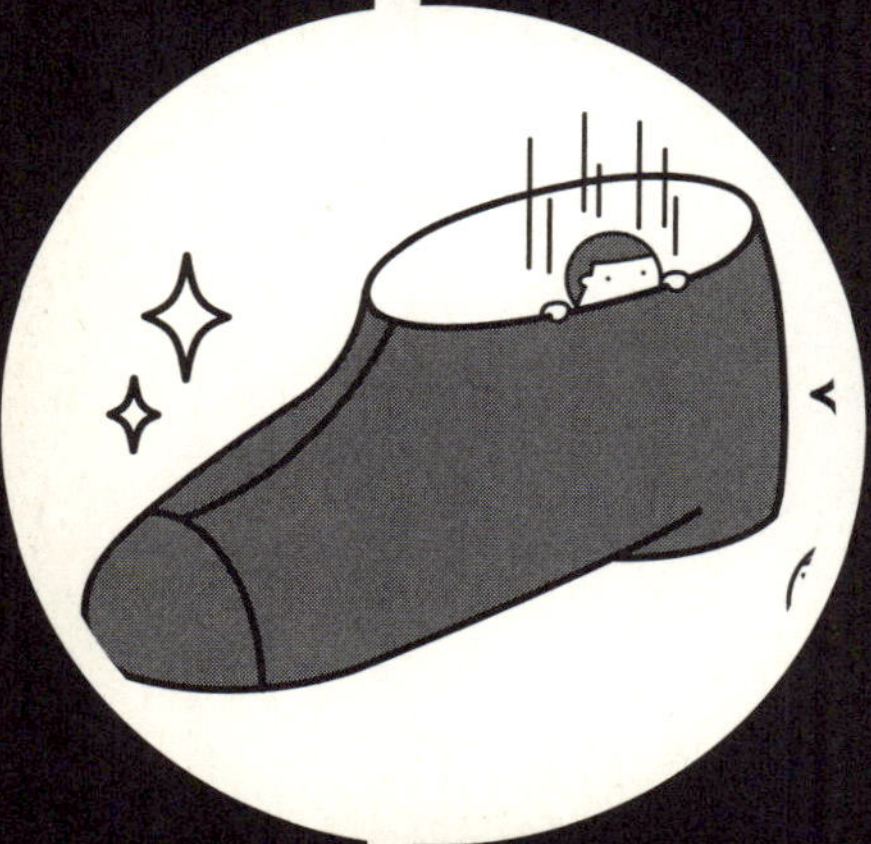

ダメな恋愛をくり返す人

美人なのにだめんずとばかり付き合っている人、いつも不幸な恋愛に終わってしまう人、浮気ばかりされる人。ダメな恋愛ばかりをくり返す人にはどのような特徴があるのだろうか。

キーワード

・だめんず
・男運がない人
・束縛が激しい人

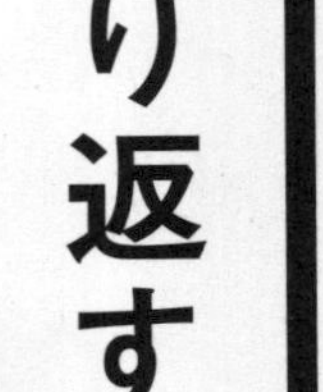

◇草食系男子やだめんずにハマる女性の特徴

世の中には、「草食系男子」や「だめんず」と呼ばれる男性がいる。草食系は欲がなく女性に積極的ではない性格の男性を指し、だめんずは浪費癖があったり定職につかない傾向にある男性のことをいう。

どちらも女性からしたら敬遠したくなるような男性だが、意外にも草食系男子やだめんずにハマる女性も少なくない。なぜ、彼女たちがこういったタイプにハマるかというと、彼女たちは周囲からは優秀な人間だと思われているのにもかかわらず、自己評価がとても低いからである。

この手の女性は評価を気にして自分の本性をさらけ出すことができないため、ある意味でありのままに生きている草食系男子やだめんずに惹かれてしまい、彼らと一緒にいることで「本当の自分になれる」ような錯覚に陥っているのである。

◇「男運がなかった」と言う女性は受け身

女性の会話の中で、「男運がなかった」という言葉が出ることがある。男運がないとはつまり、交際した相手が浮気症だったり、DV男だったり、浪費家だっ

だめんずにハマる心理

自己評価がとても低い

「自分には魅力がない」など、自分に自信がなく評価が低いので、だめんずにひどいことをされても「私には彼のような人がふさわしいのかも」とあきらめて受け入れてしまう

助けたい症候群

「こんなにダメな彼のことをわかってあげられるのは世界で自分だけ」と考えるようになると、別れたくても相手への同情から別れられなくなってしまう

“ダメな自分”を相手に投影

「デキる女性ほどだめんずにハマりやすい」のはこれが関係している。普段はダメな部分を抑えつけて「デキる自分」を演出しているので、だめんずを許すことで自分のダメな部分も受け入れている気になれる

8 ♡ 恋愛

たため、ひどい目に遭わされたということだ。

男性は「女運がなかった」と言わないのに、どうして女性ばかりが「男運がなかった」と言うのだろうか。それは、この手の発言をする女性が非常に受け身な性格で、「自分は男性から色々としてもらって当たり前」だと考えているからだ。恋愛で自分の希望どおりにならないことがあると、すぐに男運のせいにしてしまうのである。

◇嫉妬深い人ほどむしろ浮気癖がある？

嫉妬深い人間というものはいるもので、相手が異性と会話していたり、歩いているだけでも「浮気だ！」と言って狂ったように大騒ぎするのである。

しかし、実は嫉妬深い人間であればあるほど、むしろ浮気に対する欲求を持っているといわれている。なぜなら、ちょっとした行動でも浮気を疑うのは、「もし、自分がそういう行動を取るときは浮気したときだから」と考えているからなのだ。

相手の浮気を疑ってしまうのは、自分がそういうシチュエーションになれば浮気する可能性が高いからなのだ。このように、他者も自分と同じ考えだと思い込むことを、心理学では「投影」という。

ちなみに、押しが強く、ほかの男性から彼女を奪い取るようなガツガツしたタイプは、「投影」の心理によって嫉妬深くなりやすい傾向にある。

自分が浮気性だから疑い深くなる

脈ありのしぐさはこれだ！

異性の感情を理解するのは難しい。同じしぐさであっても、男女で意味が違うこともある。頬杖をつく女性や動作がシンクロしてしまう状況が何を表しているのか？　読み解いてみよう。

キーワード

・両頬に手をあてがう
・動きがシンクロする
・頬杖

◇女性が両頬に手をあてがうポーズの意味

向い合って話をしているときに、両頬に手をあてがうポーズを取る女性がいる。そんなとき、男性なら「俺に見とれているのか」なんて考えてしまうが、まったくそんなことはない。

両頬に手をあてがうポーズを取る女性は、感情移入しやすい傾向にあり、話の中に出てくる登場人物になりきっているのだ。たとえば、友人から「彼氏にこっぴどくフラレちゃって……」という話を聞くと、両頬に手をあてがってフラレた友人になりきって、悲しい気持ちを共有しているのである。

　この手の女性はすぐに他人に共感してしまうため、騙されやすい性格ともいえる。「さいふを盗まれちゃった」なんて話をすると、ご飯をおごってくれたりするのである。純粋といえば聞こえはいいが、いってしまえば詐欺師のカモになりやすいタイプだ。

◇同じ行動を取ってしまうのは好意の証

　会話が盛り上がっているカップルをよくよく観察してみると、まったく同じような行動を取っていることがある。

　男性が足を組み替えると女性も組み替

ミラーリング効果＝同じ動作は好感を生む

ゲーゲンは、恋愛テクニックとして用いられている「ミラーリング」がどの程度有効なのか実験をおこなった。３人の女性をカップリングパーティー（街コンのようなもの）に参加させ、特定の男性のしぐさをマネさせた

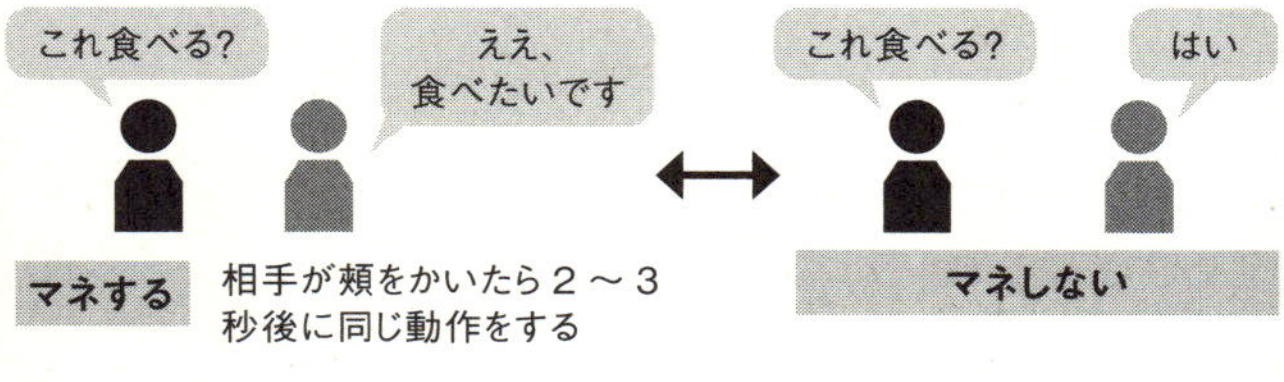

その結果、動作をマネされた男性はパーティー終了後のアンケートで、マネされた女性に対して「また会いたい」と答えており、「性的に魅力的だ」と評価した。このことから、恋愛の場面でミラーリングが有効だと証明された

え、女性が飲み物を飲むと男性も飲むといった感じで、シンクロしているように同じ行動をしているのだ。

　このシンクロ行動を心理学的には「ミラーリング」といい、相手に好意を抱いていると無意識のうちに相手と同じような行動を取ってしまうことを指す。

　好意を抱いていると同じ行動を取ってしまうという心理は悪用することもできる。やり方はとてもシンプルで、わざと相手と同じ行動を取るだけだ。これだけで、無意識のうちに相手はあなたに好意を抱くはず。

　どうしても口説きたい相手がいるのなら、ミラーリングはオススメの心理テクニックだ。ただしあくまでもさりげなく、がポイントだ。

◇女性が頬杖をつくのは〝寂しい〟サイン

　もし、あなたの話を女性が頬杖をついて聞いていたらどう思うだろうか？

　自分の話が「退屈だったかな」と思い、話を切り上げて帰ろうとするのはちょっと待ってほしい。

　女性が頬杖をつくのは退屈だからではなく、心の満たされなさや寂しさを表現しているのである。

　人は寂しさや不安を感じると、体の一部を触って自分を慰めようとする心理が働く。これを「自己親密行動」というのだが、話を切り上げて帰るのは早計で、相手はむしろ親密な関係になることを望んでいるのである。これはチャンスだ。

頬に手をあてがったら「感情移入してます」のサイン

8

恋愛

女性の足元でわかる心理

おしゃれ上級者の合言葉「おしゃれは足元から」。女性の靴には、ちょっと特別な意味合いも込められている。また、女性が穿いているのがズボンかスカートかにも注目したい。

キーワード

・貞操観念の象徴
・デートにジーパン

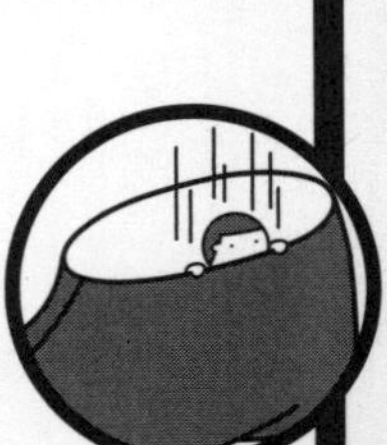

◇女性が履く靴は性の象徴であり貞操観念

心理学では女性の靴＝性の象徴という捉え方をする。有名な童話『シンデレラ』で王子はガラスの靴にぴったりと合う女性を探していたが、これは体の相性が合う女性を探していたともいえるのである。靴のサイズさえ合ってしまえば、王子は別にシンデレラでなくても構わなかったのだ。

靴がセックスのシンボルであるなら、女性の靴の扱いや履き方で貞操観念を知ることもできる。もし、あなたが落としたい相手がいるなら、じっくりとその女性が履く靴を観察してみよう。

その女性がピカピカに磨かれた靴をきちんと履いていたら、しっかりとした貞操観念を持っていると考えていいだろう。つまりは、簡単にベッドに連れ込むのは難しいということだ。もし、ワンナイトラブだけが狙いなら、早々にあきらめてしまったほうがいい。

逆に、その女性の靴がひどく汚れていたり、かかとを踏みつけた跡が残っていたりしたら、性にもだらしないと考えられる。また、脱ぎかけた靴をブラブラさせたり、脱いだ靴を揃えずに放っておくようなタイプも貞操観念が低いと考えていいだろう。ベッドに連れ込むのも決して難しいミッションではないはずだ。

うまいデートの誘い方

デートに誘ってOKをもらうためには、前提を変えるとよい

デートに「行きませんか」と誘われたら、「行くか、行かないか」のどちらかの中から選択する

「AとB、どこに行きますか?」と聞かれると、選択は「行くか、行かないか」ではなく「AかB」のどちらかに行く前提になる

自分に都合のいいことを前提にして話を進めると、相手は間違った前提をもとに判断しようとすることを「誤前提暗示」という。「どうですか？」よりも、「デザートならカフェ、飲み足りないならバーでどう？」と誘い方に一工夫を加えることで、「デートする」前提で話を進めることができる

◇女性がデートにジーンズを穿く心理とは

先ほど靴は女性の貞操観念を表していると説明したが、実は女性が穿くパンツやスカートによってもそれを見分けることができるのだ。

たとえば、わかりやすいところで言うと、ミニスカートを穿く女性は貞操観念が低い。パンツが見えそうなほど短いミニスカートは、むしろ男性を誘っているといえなくもないのである。

そして、貞操観念を強く示しているのがジーンズだ。ジーンズをよく穿く女性は、性に対しての警戒心が非常に強く、男性に不信感を抱いている可能性もある。フランクに接するのはやめたほうがいいだろう。

ジーンズがなぜ警戒を示しているかというと、デニムはゴワゴワと強度の高い素材なので、強引に引っ張ったとしても簡単には脱がすことができないのである。つまり、ジーンズは簡単に脱ぐ女ではないという意思の表れだ。

もし、初デートで彼女がジーンズを穿いてきたら、その日のお泊りはあきらめたほうがいい。

普通、初デートはできるだけおしゃれをしたいはずだが、それでもジーンズをチョイスするということは、強い警戒心があるからだ。

また、普段はスカートの女性がジーンズを穿いてきたら、今日はNGの日だと理解することもできる。

だらしない女性は
靴の扱いも雑

事前に見破りたい！危険な人

付き合う前はやさしかったのに、付き合ったら豹変して暴言や暴力をふるう人に。そんな人は事前に見分けて避けたいもの。普段の行動や言葉に表れる兆候を見逃さないようにしたい。

キーワード

・暴力をふるう
・サイコパス
・運転すると性格が変わる

◇簡単に暴力をふるう人が持つ心の障害

暴力をふるうことやウソをつくこと、物を盗むことは、幼い頃から「やってはいけないこと」として教育され、人は自然とこれらの行為をおこなわないように心のストッパーがかかるようになっている。

しかし、これが上手に機能せずに腹が立ったら暴力をふるい、自分の都合でウソをつき、ものを盗むことを厭わない人間もいる。こうした心のストッパーが失われた人のことを反社会性人格障害、もしくはサイコパスという。

　反社会性人格障害を持つ人は、人口の約2％ほど存在すると考えられているが、この障害の怖いところは反社会性人格障害者だからといって、必ずしも反社会的ではないところにある。

　つまり、彼らは必ずしも反社会的な組織に籍を置くわけではなく、一般社会に溶け込んでいるのだ。あなたのすぐ隣にいるかもしれないということである。

　サイコパスはカッとなって暴力をふるうわけではなく、自分の目的のためなら暴力を厭わない。自分の進みたい道に邪魔者があれば、それを力で排除することに罪の意識を感じないのである。

　そのある意味クールで動じない性格は、人を虜にするほど魅力的だったりも

裏表の激しい・二面性のある人の特徴

一見すると感じがよい

第一印象がよく、普段接していて非の打ちどころがない人は、実は「いい面」だけを見せている可能性が。徹底して「悪い面」を見せないのは実は腹黒い人かも

無表情が怖い

理不尽な出来事や失礼な言動にも怒ることのないやさしい人も、無表情が怖い人には要注意。心の中ではものすごく怒っているのを隠そうとして無表情になっている可能性あり

「いい人」ほど怒らせると怖い、というのはよく聞く話。どんな人でも多少の裏表は持っているものなので、チラッと見えたときに見逃してあげるのもやさしさといえる

する。人心掌握にも長けているので、会社の社長や弁護士などにサイコパスは多いといわれている。

もし、あなたの身のまわりにサイコパスと思われる人物がいたら、自分がどうにかしてあげようなどと考えてはいけない。彼らは良心を持たず、心理学者が束になってかかってもかなわないほど、恐ろしく冷徹な心を持っているのだ。サイコパスに気づいたとしても、ただ距離を置くだけでいい。

◇ハンドルを握ると攻撃的になる人の本性

普段はとても穏やかな人なのに、車に乗った瞬間に攻撃的になる人がいる。このタイプの人は、もともと攻撃的な性格なのか、それとも車に乗るときだけ攻撃的になってしまうのだろうか？

正解はもともと攻撃的な性格をしている、だ。彼らはサイコパスではないので、日常生活では必死に攻撃的な性格を隠そうとしている。

その抑えていたストレスが、車に乗ることによって解放されてしまうだけなのである。

なぜ車に乗ってハンドルを握った途端に攻撃的な性格が解放されてしまうのかというと、車に乗ると基本的には相手の顔が見えず、また自分の顔が相手から見えない状態になるので、より大胆になりやすいのだ。またスピードが気分をハイにするという影響もある。

運転時の攻撃的な性格は、普段は抑えているだけ

口癖でわかる面倒な人

「私って○○だから」と会話中に言われて、返答に困った経験はないだろうか。なんでも「とりあえず」をつける人、自己主張の激しい人……ちょっと癖のある人たちの特徴を見てみよう。

キーワード

・自分を定義する
・「とりあえず」を多用する
・主語を多用する

◇「私って○○な人」と定義したがる理由

ときどき自分のことを「私って○○じゃないですか」と言う人がいる。たとえば、「私って寂しがり屋じゃないですか」や「私ってドジじゃないですか」といった感じだ。

普通、自分の性格というのは他人から判断されるものであり、「自分はこんな人」と自己分析されても、「そんなの知らないよ」と思ってしまう。

このように自分の性格を定義したがる人は、図太い神経の持ち主と思われがちだが、実はとても繊細だったりする。「自分は○○だから、これはできない」と逃げ道を作っているのだ。

また、自分で性格を定義したがるのは、「相手からこういう人に見られたい」という願望だったりもする。そのため、「私って寂しがり屋じゃないですか」と言うわりに、まったくもって寂しがり屋でないことも多い。

◇「とりあえず」を多用する人は無責任

居酒屋で「とりあえずビール」と言うことはあるが、いつでもどこでも「とりあえず」や「一応」などという曖昧な表現をする人は、無責任な人間である可能

自己顕示欲が強い人の特徴

自分が主役!

「俺が」「私が」と、とにかく「自分」を前面に押し出してくるタイプは常に注目されていたいタイプ。主語を連発することが多い

思い込みが激しい

自分が正しいと思っているので、一度思い込んだら他人の忠告やアドバイスが耳に入らないことも。たまに被害妄想に陥ることも

他者への不平不満が多い

常に自分が中心にいないとストレスがたまるタイプ。たまったストレスを不平不満として周囲にグチって発散することも

女性で自己顕示欲が強いと、常に男性から大切にされていないとイライラしてしまったり、男性だと「やってもらって当たり前」と部下や後輩に負担を強いる上司になりがち。どちらも、人一倍「自分のことを理解して受け入れてほしい」という思いが強い

性が高い。

もし、あなたが上司に書類を提出した際に「とりあえず、ＯＫ」と言われたらあとから手直しが必要になるかも、と不安になるだろう。

また、部下に仕事を依頼して「一応、やってみます」と言われたら、本当に大丈夫か疑問に思うはずである。

このように「とりあえず」「一応」を使う人は、自分が責任を負いたくないから、あえて誤解を誘うような曖昧な表現をするのである。

この手のタイプは恋愛でも、とりあえず付き合ってみた的な無責任な交際をする傾向にあるので真剣な交際には向かない。「とりあえず」「なんとなく」付き合う流れになりそうなときには注意しよう。

◇話に主語を入れるのは自己顕示欲が強い

日本人は自己主張が下手と言われるように、会話中に主語で自分を強調することは少ない。英語なら「I love you」と言うが、日本語で「私はあなたを愛しています」と言う人はまずいないはずだ。

しかし、そんな自己主張が下手な日本人の中にも「私が、私が」と主語を強調する人もいる。自己顕示欲が強い、このようなタイプは日本では少ないので、周囲に頼られる傾向にある。

ただし、恋愛においては別問題だ。ふたりでいても、常に「私が、私が」と主張してくる人は、男性にも女性にも嫌われやすい。

「とりあえず付き合おう」の告白はノーカウントで

男女の視線を読み解く①

目には人の感情が表れる。視線には、男女でそれぞれ異なる意味がある。異性を正しく理解してより良い関係を築くために、シチュエーションごとに視線の意味を解説しよう。

キーワード
・視線の意味
・初対面の視線
・会話中の視線

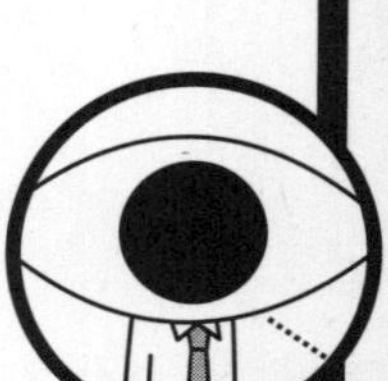

◇男女における視線が持つ意味合いの違い

やたらと目の合う女性がいると、男性は思わず相手を好きになってしまい、また相手も「自分のことが好きなんじゃないか」と思ってしまうことがある。しかし、告白してみたらまったくそんなことはなかった……そんな経験をお持ちの方もいるのではないだろうか。

逆にこっちのことをまったく見てこない女性がいた場合、男性は「嫌われているのではないか」と心配になってしまうのだが、むしろそれは好意を意味していることもある。

このように、実は男性と女性では視線を送る意味や解釈が違っているのである。男性は何を考え、女性は何を考えて相手を見つめているのか、ここで詳しく分析していこう。

◇初対面における男女の視線の違い

初めて異性と出会うとき、誰もがその相手と友人になれるか、恋人になれるか、不安と期待が入り交じる。その瞬間、男性は女性のどこを見て、女性は男性のどこを見ているのだろうか。その視線で本心がわかる。

男性が初めて女性と会うとき、まず目

瞳でわかる興味の有無

アメリカの心理学者ヘスは、男女を対象に実験を行った

①赤ちゃんの写真

②赤ちゃんを抱いた母親の写真

③男性のヌード写真

④風景写真

通常時　　瞳孔が開いた状態

▶ ①～④を見せた結果、男女ともに異性のヌードを見たときに瞳孔が 20%ほど大きくなった。また、女性は赤ちゃんの写真を見たときにも瞳孔が大きくなった

調査によって、多くの男女が「瞳の大きな異性」に魅力を感じることがわかった。瞳の大きな人に対して、興味を持っている物事に対して瞳孔が開く＝相手が自分に興味・好意を抱いていると、ヘスの実験結果から解釈できる

がいくのは顔・胸・お尻など女性らしい部分だ。わかりやすいといえば、あまりにわかりやすいのだが、無意識のうちに見てしまうのである。

これは、子孫を残すのにふさわしい相手かを見極めようとする本能的な欲求によるといわれている。いってしまえば、セックスをするに値する魅力的な女性であるかを確認しているのだ。

次に、女性は初対面の男性のどこを見ているかというと、顔や体つきだけでなく、しぐさや服装、持ち物など細かい部分までチェックしている。

これは自分との親和性（どれだけ仲良くなれるか）を確認するためだ。男性が女性をセックスの相手として見るのとは違い、まずは友人としてふさわしいかを判断しているのである。

◇会話しているときの男女の視線の違い

男性は基本的に落ち着きがなく、話の最中に色んなところに視線を移動させる。が、好きな相手や興味のある話題になると、じっと相手を見るようになる。男性は話を聞くときに相手を見るのだ。

一方、おしゃべりが好きな女性は話す相手によって視線を変えることはあまりない。誰に対しても適度に視線を合わせて会話するが、やはり好きな相手となると、前のめりになって話をする傾向にある。男性とは違って聞くときよりも話すときに視線を合わせる傾向にあるのだ。

好きな女性を凝視してしまうのは男性の習性

男女の視線を読み解く②

初対面で視線を交わしてから、関係が親密になるにつれて視線の交差は増えていく。親しくなって、恋愛関係へと発展するときには、男女の視線はどのように機能しているのか見ていこう。

キーワード

- ・好きな人への視線
- ・視線の感じ方
- ・ウソをつくときの視線

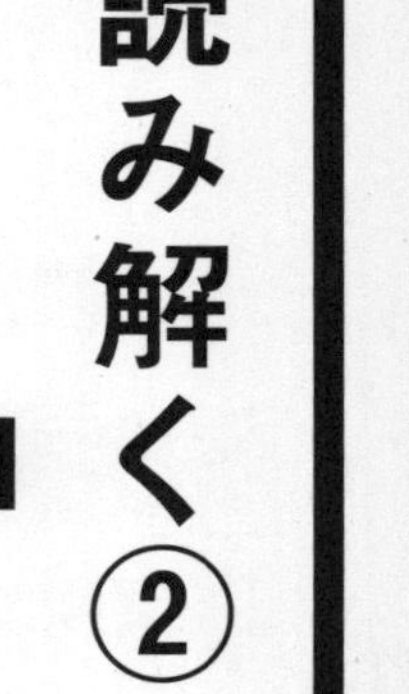

◇好きな人に対して送る男女の視線の違い

引き続き、男女の視線の違いを紹介していくが、ここでは好きな人に対する男女の視線の違いを見ていこう。

まず、男性は好きな人がいると、わかりやすくチラチラと視線を送る傾向にある。これは、男性が視覚的な刺激を受けやすい（視覚によって興奮しやすい）ということにもよるのだが、不自然なほどにチラチラチラチラと相手を見てしまう。

女性はそのまったく逆で、男性のことを好きになればなるほど直視できなくなってしまう。この違いは、男性が攻めなら女性は守りの意識が高いからだ。好きな人に嫌われることを考えてしまうからこそ、女性は直視できなくなってしまうのである。

むしろ興味のない男性は平気で直視することができるので、女性が見ているから「自分のことが好きだ」と勘違いしやすい男性は注意が必要だ。

◇視線をもらうときの男女の感じ方の違い

異性から見つめられたとき、男女はどのような感じ方をしているのか。そこには決定的ともいえる違いがあった。

まず、男性は女性に見つめられること

視線の交わる距離は親近感の表れ

アメリカで、大都市、中規模都市、郊外の田舎町の３カ所で調査が行われた

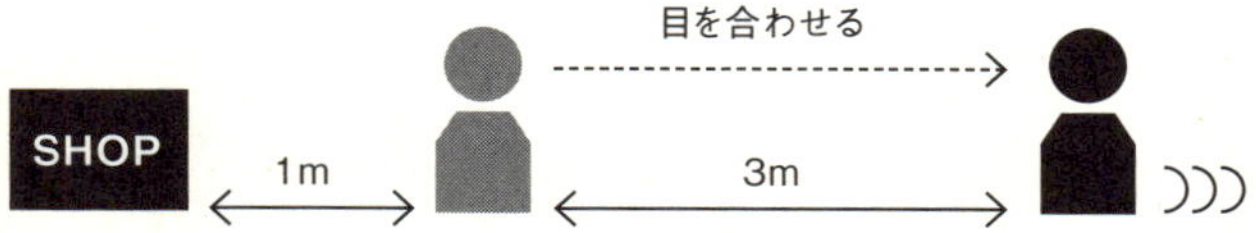

店舗に向かって歩いてきた人が、目的地の手前にいる人から見つめられたときの反応を調査した

調査の結果、大都市では視線を合わせた人が20%だったのに対して田舎町では80%の人が目を合わせた。また、立っているのが男性だった場合より、女性のほうが目を合わせる割合が多かった。

このことから、田舎に住んでいる人は他人に対して関心が高い（あるいは親近感が高い）といえる

に非常に弱い。女性からの視線は好意があると勘違いしてしまうからだ。そのため、自分とよく目が合う女性がいると、最初は何とも思っていなくても、目が合うという理由だけで好きになってしまうこともある。実に単純な生き物なのだ。

一方、女性は男性から見つめられても簡単に好きなることはない。基本的に女性は告白される立場であり、男性を選ぶという姿勢を持っている。そのため、見つめられたくらいで選び失敗したくないという気持ちがあるのだ。

◇ウソをつくときの男女の視線の違い

男性は、ウソをつくとき女性を直視することができない。つい目を逸らしてしまったり、目が泳いでしまうので、男性のウソは比較的バレやすいのだ。

なぜ、こんなに男性は上手にウソがつけないかというと、男性のほうが浮気しやすいことからもわかるように、女性に比べてウソをつく機会が多く、またバレる機会も多いからだ。ウソがバレるかもしれないという恐怖心があるからこそ、不自然になるのである。

反対に女性はしっかりと目を合わせたままウソをつくことができる。むしろ、ウソがバレないように堂々とした姿を見せようとするのである。これは守りの意識が強い女性の本能で、関係が壊れるくらいなら本気でウソをつき通そうとするのである。

見つめられたら好きになる男性、
好きな人を見つめられない女性

8
恋愛

本当にあった怖い心理学実験 ⑧

フリードリヒ2世の実験

語りかけられることのない赤ん坊はどんな言葉を話すのか

今から800年前、国際都市だったシチリアを治めていたフリードリヒ2世は、「言葉を教わらずに育った子どもはどんな言葉を話すだろうか」と疑問に思ったことから、赤ん坊を使って実験をおこなった。

生まれたばかりの赤ん坊を50人集めて、一切言葉をかけないまま赤ん坊を育てた。触れ合いもなく、目を合わせることもない。愛情や言葉に触れることなく育てられた赤ん坊は、十分な栄養を与えられていたにもかかわらず死んでしまった。

この実験から、人の成長には親からの愛情、視線の交わりなど人と人との交流が大きな役割を果たしていることがわかる。

参考文献

・『面白いほどわかる！ 他人の心理大事典』
おもしろ心理学会 編（青春出版社、2012 年）

・『必ず役立つ！「○○の法則」事典』
烏賀陽正弘 著（PHP 文庫、2012 年）

・『気づかれずに「相手の本心を見抜く！」マインド・リーディング』
内藤誼人 著（王様文庫、2006 年）

・『「しぐさ」を見れば心の 9 割がわかる！』
渋谷昌三 著（王様文庫、2008 年）

・『FBI 捜査官が教える「しぐさ」の心理学』
ジョー・ナヴァロ／マーヴィン・カーリンズ 著、西田美緒子 訳
（河出書房新社、2010 年）

・『わたしのまわりの心理学』
富田隆 監修、造事務所 編著（大和書房、2007 年）

・『「ことばの裏」の㊙心理法則』 齊藤勇 監修（青春出版社、2008 年）

・『面白いほどよくわかる！ 他人の心理学』
渋谷昌三 著（西東社、2012 年）

・『図解雑学 Q ＆ A ココロが見える心理学』
齊藤勇 監修（ナツメ社、2005 年）

STAFF

イラスト　大野文彰（大野デザイン事務所）

編集　住友光樹、具志堅さつき（株式会社 G.B.）

表紙・本文デザイン　森田千秋（G.B. Design House）

本文 DTP　徳本育民

齊藤 勇（さいとう いさむ）
立正大学名誉教授。大阪経済大学客員教授。ミンダナオ国際大学客員教授。文学博士。日本ビジネス心理学会会長。主な編・著・監修に『イラストレート人間関係の心理学』（誠信書房）、『実践版 カーネギー』（プレジデント社）、『マンガ 悪用禁止！裏心理学』（宝島社）など。

イラスト図解　死ぬほど怖い!
他人の心理大事典

2016年7月15日　第1刷発行

監修　齊藤 勇

発行人　蓮見清一

発行所　株式会社宝島社
〒102-8388
東京都千代田区一番町25番地
電話／営業　03-3234-4621
　　　編集　03-3239-0928
http://tkj.jp
振替／00170-1-170829　㈱宝島社

印刷・製本　株式会社 光邦

ISBN978-4-8002-5697-3

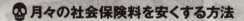